行政管理实务操作从入门到精通

Learn & Master
of Administrative Management

张天林　著

中国法制出版社
CHINA LEGAL PUBLISHING HOUSE

目录

CONTENTS

行政管理认知篇

行政管理实操篇

行政管理提升篇

行政管理未来发展篇

行政管理认知篇

第一章　行政管理概述

企业行政管理是企业管理与行政管理相结合而产生的一个概念。企业行政管理既非一般的政府行政管理，也非企业管理，其含义是指：企业行政系统为了企业的生存与发展而依靠一定的法律、制度、原则及方法对企业进行职能性管理的总和。从狭义上理解，企业行政管理是指以行政部为主，负责行政事务和办公事务，具体包括相关制度的制定和执行推动、资产管理、档案管理、会议接待管理、印章管理、消防安保管理、信息安全管理、后勤服务管理等。

企业行政管理工作可以说是千头万绪、纷繁复杂。企业行政人员每天都面临着大量的、琐碎的、不起眼的事务，但是，这些事务只不过是行政管理这棵大树上的枝枝叶叶而已。概括来说，行政管理在企业中主要有管理、协调、服务三大功能，其中管理是主干，协调是核心，服务是根本。概而言之，行政管理的实质就是服务。行政部门只有在“管理”“协调”和“服务”3个方面再上一个档次，才算是一个合格的现代企业的行政管理者。

从“管理”方面来说，行政部门不能满足于在日常事务的层次上做好领导的“参谋”和“助手”，还必须在公司的经营理念、管理策略、企业精神、企业文化、用人政策等重大问题上有自己的思考，并且高屋建瓴地在实际工作中加以贯彻落实，成为领导不可缺少的“高参”和“臂膀”。这就要求行政部门的领导者不能满足于做一个事务主义者，而是要做一个有思想、敢创新、有冲力的领导者；换句话说，他不能仅仅满足于做好一个战术家，还要努力做好一个战略家。很显然，也只有一个有思想、懂战略、敢创新、有冲力的人，才能把行政工作做得更好、再上一个档次。

从“协调”方面来说，行政管理者不能简单地因传达领导的命令、完成领导交办的任务而满足；也不能凭借自己在企业的独特地位对各个部门颐指气使、以权压人。行政部门应主动做好上与下、左与右、里与外的沟通，在充分沟通的基础上做好协调。没有充分沟通的协调不能成为真正的协调。

从“服务”方面来说，行政部门要甘当幕后英雄的角色。因为行政服务干得再出色，毕竟是服务于企业的最终目标的。行政部门的工作，特别是后勤服务工作，永远不要奢望成为企业关注的“中心”。不但不可能，而且不应该。如果一个企业的关注点在于行政部门，那只能说明一点，行政工作做得实在太糟糕，影响了企业各方面的工作，影响了企业最终目标的实现，以致引起大家的关注。

行政管理的理想境界应该是“润物细无声”。行政部门最忌讳处处显示自己的存在，与其他部门抢镜头、争荣誉。行政部门应该像一台自动化程度很高的机器，这头原料（任务）进去，那头成品（结果）出来；其中的许多曲折，都消化在行政体系之内，切忌为自己评功摆好，四处张扬，浪费别人的时间、精力和感情。要反对利用自己对公司资源的支配权只顾为自己谋取私利或便利的行为，特别要反对把行政部门变成“门难进，脸难看，事难办”的官府衙门。管理是要执行制度的，但执行制度也是一门艺术，并不一定要搞得剑拔弩张，刀光剑影。特别是在高科技企业这种高素质人才集中的地方，更要注意对人的尊重。行政工作要做得有人情味。

第二章　行政部职能、职责与目标

不同行业（如金融/房地产/高科技等）、不同类型（如国企/外企/民企等）、不同规模（如100人/1000人/10000人等）的企业对行政部的定位和要求肯定各不相同，下面将以较大规模的高科技企业为例介绍行政部应该承担的职能、工作职责和工作目标。

第一节　行政部职能

行政部作为公司的综合事务管理部门，是公司内部运行供应链的中枢环节，业务范围涉及各部门及各分、子公司的方方面面，其主要职能是为公司运转提供资源支持和后勤保障，确保公司系统的正常运行，推动实现公司的战略目标。具体体现如下。

◆ **参谋职能**

行政部门不仅应在日常事务方面做好上级领导的“参谋”和“助手”，更应在经营理念、管理策略、企业精神、企业文化等重大问题方面有自己的见解，从而真正成为上级领导不可缺少的“高参”和“臂膀”。

◆ **管理职能**

为了做好纷繁复杂的行政工作，必须建立并认真执行行政部门的各项管理制度、岗位责任制度、工作程序以及一系列规范化表格、图表等，从而建立起行政部门的“法治”秩序。更重要的是，要培养出一支高素质、高效率的行政人员队伍，同时要搞好科学分工、管理层次和合理授权。一旦行政系统的硬件（如办公设施/生活设施等）、软件（如规章制度/工作程序等）、人员队伍、分工协作和管理层次等建立起来，整个行政管理体系在很大程度上就会像一部自动机器一样运转，只在较少的场合才需要部门领导和上级领导辅以“人治”。

◆ **协调职能**

行政部门不仅要与企业领导沟通，还要与各部门充分沟通，以便清晰地传达企业的政策和上级领导的意见，保证高效地完成任务。

◆ **服务职能**

行政部门应该积极为各职能部门提供后勤服务保障，兢兢业业、认真细致地做好各种行政事务工作，把领导和员工从繁重、琐碎的行政事务和生活事务中解脱出来，让他们可以集中精力思考公司发展战略、实施公司经营方针、解决公司重大问题以及专心做好每一笔重要业务等。

第二节　行政部工作职责

行政部承担的工作职责并不是一成不变的，企业可以根据所处的发展阶段、规模、管理成熟度等情况来灵活调整行政部的工作职责。在现实中，有些公司只要求行政部负责日常行政事务管理，做好上传下达、沟通联系和综合协调工作，确保公司各项工作正常运行即可；而有些公司要求行政部除了日常行政事务管理外，还要承担企业文化建设、人力资源管理、公司资质与补贴管理、信息化管理、法律事务管理等职责。

承担日常行政事务管理职责的行政部工作职责如下：

1.参与公司经营战略的制定，根据公司发展战略，制定支撑公司战略实现的行政策略，制定公司行政中长期发展规划及计划；

2.研究并建立适合企业发展的行政管理体系，设计和优化公司行政管理模式，制定和完善公司行政管理制度、流程和政策；

3.负责贯彻公司领导指示，做好公司内外、公司上下的沟通协调工作，对各项工作和计划进行督办和检查；

4.负责全公司日常行政事务管理，协助董事长、总经理处理日常工作，负责高层领导的日常活动和外出活动安排；

5.负责公司重要会议及重要活动的策划和组织，包括会前统筹规划安排，会中及时把握动态并跟进，会后健全记录，下发纪要，及时督办并反馈；

6.负责公司重要来宾的接待工作，包括接待流程、车辆调度、食宿安排、礼品准备等；

7.负责公司资产管理工作，包括相关制度的制定和发布、相关系统的引进或开发、资产的采购、入库、借用、归还和盘点等手续办理；

8.负责公司档案管理工作，包括相关制度的制定和发布、相关系统的引进或开发、档案的归档、保管、借阅和归还等手续办理；

9.负责公司通知、内部文件、会议报告、领导讲话稿的起草、呈报、分发和归档，公司外来文件、信函的收发、呈报、跟踪处理和归档；

10.负责公司印章及证照管理工作，严格落实用印制度，保证安全用印，实施专人专管；

11.负责公司日常安全保卫及消防管理工作，维护内部治安次序，保护公司财产安全，定期进行安全检查，落实防火、防电、防盗、防灾为主的安全责任制；

12.负责公司办公用品、低值易耗品、办公设备的采购、发放、使用登记、保管、维护等管理工作；

13.负责维护公司办公环境，开展绿化和保洁工作，为员工创造并保持良好的生活和工作环境；

14.负责公司车辆及司机管理，做好车辆调度、维修、保养、年检等工作，确保公司领导和员工正常工作用车；加强车辆管理，保证行车安全，控制费用支出；

15.负责公司快递、信件的收发以及报纸杂志的订阅、分发工作，追踪重要快递的送达情况；

16.负责公司前台、食堂、宿舍管理；

17.负责代表公司做好与政府部门、社会团体及其他相关单位的外联工作。

除了日常行政事务管理外，还要承担企业文化建设、人力资源管理、公司资质与补贴管理、信息化管理、法律事务管理等职责的行政部的详细工作职责如下。

表2-1 行政部工作职责

一级职责	二级职责	三级详细职责
行政规划及制度建设	行政规划	1. 参与公司经营战略的制定，根据公司发展战略，制定支撑公司战略实现的行政策略 2. 制定公司行政中长期发展规划及计划
	制度建设	1. 研究、建立适合企业发展的行政管理体系，设计、优化公司行政管理模式 2. 制定和完善公司行政管理制度、流程和政策，检查督促各项制度的落实
日常行政事务管理	资产管理	1. 制定、发布并执行公司资产管理制度 2. 引进或开发用于公司资产管理的IT系统 3. 负责固定资产、低值易耗品等的采购、入库、借用、归还、盘点等手续办理 4. 负责固定资产的维护与保养
	档案公文管理	1. 制定、发布并执行公司档案和公文管理制度 2. 引进或开发用于公司档案管理的IT系统 3. 负责档案的归档、保管、借阅、归还等手续办理 4. 负责档案室建设及档案维护保养 5. 负责公司行政管理类文件的格式标准化和编号管理 6. 负责公司通知、内部文件、会议报告、领导讲话稿的起草、呈报、分发和归档，公司外来文件、信函的收发、呈报、跟踪处理和归档
	会议接待管理	1. 制定、发布并执行公司会议及接待管理制度 2. 负责公司会议室的调度使用管理和会议室设备环境的维护 3. 负责公司电话会议、网络会议系统的采购、维护和管理 4. 负责公司重要会议及重要活动的策划和组织，包括会前统筹规划安排，会中及时把握动态并跟进，会后健全记录，下发纪要，及时督办并反馈 5. 负责公司重要来宾的接待工作，包括接待流程、车辆调度、食宿安排、礼品准备等 6. 负责代表公司做好与政府部门、社会团体及其他相关单位的外联工作

续表

一级职责	二级职责	三级详细职责
	印章证照管理	1. 制定、发布并执行公司印章证照管理制度 2. 负责公司印章及证照管理工作，严格落实用印制度，保证安全用印，实施专人专管 3. 负责按需刻制、备案、启用、废止公司各类印章
	消防安保管理	1. 制定、发布并执行公司消防及安保管理制度 2. 负责公司日常安全保卫及消防管理工作，维护内部治安次序，保护公司财产安全，定期进行安全检查，落实防火、防电、防盗、防灾为主的安全责任制
	后勤服务管理	1. 制定、发布并执行公司后勤服务相关的管理制度 2. 负责维护公司办公环境，开展绿化和保洁工作，为员工创造并保持良好的生活和工作环境 3. 负责公司办公用品的采购、保管、使用和维护管理，登记并统计各部门的办公用品消耗，控制办公用品支出 4. 负责公司办公区域所有办公设施设备（如电话、打印机、空调等）的维修、保养 5. 负责公司快递、信件的收发以及报纸杂志的订阅、分发工作，追踪重要快递的送达情况 6. 负责公司车辆及司机管理，做好车辆调度、维修、保养、年检等工作，确保公司领导和员工正常工作用车；加强车辆管理，保证行车安全，控制费用支出 7. 负责前台电话和来人接待、来客引见、来客登记等工作 8. 负责公司食堂、宿舍管理
	其他	1. 负责公司差旅管理，制定员工出差标准，负责员工机票、酒店等统一预订，控制差旅费用 2. 负责公司物料采购工作，确保按时完成各项采购任务，并保证所采购的物料质量符合要求 3. 负责制定公司行政费用年度预算，科学合理制定行政费用计划，严格控制各项费用支出，确认费用分摊范围，按照月份分摊各项行政管理费用

续表

一级职责	二级职责	三级详细职责
企业文化建设	企业文化建设	1. 负责制定企业文化建设的中长期规划和实施计划 2. 组织建立企业价值观体系，明确公司愿景、使命、核心价值观 3. 负责构建企业文化传播网络，充分利用各种渠道，对公司企业文化进行宣导推广 4. 负责企业文化活动方案的制定与实施，通过发布核心价值观行为规范、举办核心价值观主题活动、在招聘/绩效等模块运用核心价值观等方式来落实企业文化 5. 通过组织培训、举办文体活动等形式加强团队文化建设，为员工创造宽松和谐的工作氛围 6. 建立和维护公司内部多种形式的沟通渠道，如定期的高层面对面活动、公司论坛、意见反馈邮箱、微信一键呼叫总裁等
	企业宣传及形象提升	1. 负责公司对外信息发布规则的制定与信息发布的审核 2. 负责公司对外宣传报道，充分利用新媒体平台（如微信、抖音等）及其他网络资源对公司进行宣传推广 3. 负责公司形象宣传，树立规范、统一的公司形象 4. 负责公司大事记原始资料的收集和编纂工作 5. 负责公司网站、介绍PPT、彩页、宣传片、微信公众号等的设计、发布和维护 6. 负责MI、VI、BI系统的设计、优化和推广应用
人力资源管理	人力资源规划	1. 根据公司发展战略，制定支撑公司战略实现的人力资源策略，编制公司人力资源中长期发展规划及计划 2. 设计和完善公司的组织架构，做好定岗定编，合理有效配置人力资源 3. 负责企业人员供给需求分析，编制年度、季度、月度人力资源配置计划 4. 负责编制公司人力资源费用年度预算，科学合理制定人力资源费用计划，严格控制各项费用支出，确认费用分摊范围，按照月份分摊各项人力资源管理费用

续表

一级职责	二级职责	三级详细职责
	招聘配置管理	1. 根据公司人力资源现状，开展招聘需求分析，招聘程序和策略制定，招聘渠道分析、选择、拓展与维护 2. 根据年度人员配置计划制定年度招聘实施方案 3. 运用科学的工具开展应聘人员测评与甄选 4. 合理调配员工，改善公司及各部门的人力资源结构以适应公司业务发展的需要 5. 通过内部竞聘选拔等途径，提升内部管理人员素质，建立后备人才选拔方案和人才储备机制
	员工关系管理	1. 组织开展职位设计和职位分析，编制职位说明书与岗位规范，明确员工的岗位职责、任职要求，权责相一致，并进行职位说明书的宣贯、培训和修订 2. 负责员工入职、转正、调岗（晋升及降职）、离职等人员异动手续办理，负责员工劳动合同、各类协议管理 3. 负责员工五险一金、档案、户口等手续办理 4. 负责建立健全员工的人事档案，包括日常人事信息、奖惩、请假、休假、绩效、导师经历、培训师经历、晋升、降职、调动、辞退等 5. 加强和改进企业工会工作，协调企业员工关系，关注员工身心健康与安全管理，推动建设和谐企业 6. 建设良好的沟通渠道，定期进行员工满意度、敬业度调查
	薪酬福利管理	1. 负责开展外部薪资调查及内部薪酬分析 2. 负责公司薪酬结构设计，制定薪酬管理制度及薪酬激励计划 3. 负责公司福利项目的设计，制定年度福利计划 4. 负责人力成本预算、核算、分析与调控 5. 结合企业年度预算组织公司年度调薪工作
	绩效管理	1. 负责建立、健全绩效考核标准，编制企业考核管理办法及实施方案 2. 组织制定公司年度经营目标并分解落实 3. 负责绩效考评前的培训准备工作及考核结果的管理与归档 4. 实施季度、年度绩效考评，组织各部门客观、公正地评价员工的工作表现并开展绩效面谈 5. 负责为各部门提供绩效考核工作的咨询，并综合协调、指导与监督各部门的考核工作 6. 负责制定并实施绩效改进方案

续表

一级职责	二级职责	三级详细职责
	培训开发管理	1. 根据公司战略分析年度人力资源提升要点，组织开展培训需求评估 2. 负责制定年度培训实施方案 3. 负责培养公司内部讲师队伍，组织内部课程开发和外部课程采购 4. 负责新员工、在职员工、特殊岗位员工等培训课程开发及选择 5. 负责员工培训后考核，以及对培训效果的评估及反馈
公司资质及补贴管理	公司资质及补贴管理	1. 负责公司工商年检、注册、变更等相关工作 2. 负责公司资质发展规划及具体申报落实，确保资质满足企业发展需要，做好公司资质的维护和管理工作 3. 负责公司荣誉奖项的申报和管理工作 4. 负责各类国家级、省级、市级科技项目的申报和管理工作 5. 负责各类国家级、省级、市级政府补贴奖励的申请和管理工作 6. 负责公司软件著作权、专利、商标等知识产权的申请、维护和管理 7. 负责公司和工商部门、科技部门等政府关系的维护与管理，及时收集国家、地方政府、行业主管部门出台的相关政策文件，结合公司实际情况，提出应对方案和措施
信息化管理	信息化建设	1. 负责制定公司信息化中长期规划及实施计划 2. 负责公司信息化制度体系建设 3. 负责公司信息化系统的规划、建设、维护和管理 4. 负责基于公司信息化系统的数据分析、挖掘和呈现，为领导决策提供数据依据 5. 负责与外部信息机构的联络、外部信息资源的整合
	IT运维及服务	1. 负责公司整体网络规划、建设、运维和管理工作 2. 负责公司机房的建设和运维工作 3. 负责公司网站的建设和运维工作 4. 负责公司电子邮件系统的建设和运维工作 5. 负责公司电脑、服务器、存储设备和各类操作系统、数据库的维护和管理工作 6. 负责公司网络安全管理，完善网络安全措施，及时发现系统安全漏洞，防止网络攻击，保障公司网络安全

续表

一级职责	二级职责	三级详细职责
法律事务管理	法律风险防控	1. 负责公司法律风险防范体系建设，编制公司法律风险源手册，通过培训等手段提升领导及员工的法律意识和法律风险认识能力 2. 参与决策，为公司的经营、管理决策提供法律上的可行性、合法性分析和法律风险分析 3. 协助公司领导建立、完善各项规章制度，对公司中容易出现漏洞和滋生腐败现象的部门加强管理，逐步建立完善的监督约束机制 4. 参与公司重大经济活动的谈判工作，提出减少或避免法律风险的措施和法律意见 5. 审查、修改、会签经济合同、协议，协助和督促公司对重大经济合同、协议的履行
	法律事务处理	1. 处理或委托律师事务所专业律师处理公司诉讼案件、经济仲裁案件、劳动争议仲裁案件等诉讼和非诉讼法律事务 2. 查处公司员工的严重违法违纪行为，对有涉嫌贪污、受贿、渎职、失职等严重违法行为的员工，经公司总经理批准，负责协助有关司法机关依法追究其相应的法律责任 3. 负责处理公司重大或复杂债权债务的清理和追收工作 4. 协助公司职能部门办理有关的法律事务并审查相关法律文件 5. 收集、整理、保管与公司经营管理有关的法律、法规、政策文件资料，负责公司的法律事务档案管理

第三节　行政部工作目标

行政部的工作目标是确保企业系统正常运行，为企业创造经济效益提供服务和支持。由于不同行业、不同类型、不同规模的企业对行政部门的定位和要求都不相同，所以很难给出一个通用的工作目标。我们可以在了解工作目标的制定原则和来源后，结合企业自身的实际情况制定出符合企业当下要求的行政部工作目标。

一、行政部工作目标制定原则

行政部工作目标制定需符合SMART原则，SMART原则是指：

- S代表具体（Specific）：目标要切中要害，适度细化，不能笼统。
- M代表可度量（Measurable）：目标是数量化、行为化的，验证这些目标的数据或信息是可以获得的，目标达到与否有可衡量的标准与尺度。
- A代表可实现（Attainable）：目标富有挑战，在付出努力的情况下可以实现。
- R代表相关性（Relevant）：目标是与工作的其他目标相关联的，目标是与本职工作相关联的。
- T代表有时限（Time-bound）：目标有完成期限，关注效率。

二、行政部工作目标来源

- 由公司战略目标和年度经营目标分解而来。
- 由部门职责职能产生。
- 由企业内外顾客的需求决定。
- 由部门存在的问题和不足形成。

行政部工作目标示例：结合公司实际情况，梳理构建行政管理体系，梳理行政办公组织，明确行政职能与工作目标，确定行政工作内容与业务流程，清晰组织架构，明确人员权责。同时，从管控角度，按照“统一归口，分级管理”的原则，做好行政业务管控流程设计，实施通过协调、控制与监督，有效执行各项制度、流程、工具表单，统计各项运营信息数据，实现行政业务运营行为的统一，促使公司各部门、各项目、各分/子公司之间形成密切配合的协作关系，促进行政业务体系内的资源整合和优化配置，推动公司整体高速、稳定运转。

第三章　行政部组织结构、岗位设置、岗位职责

第一节　行政部组织结构和岗位设置

企业行政组织是行政部正常发挥其职能、行使部门权力的载体和前提。只有建立了规范、高效、便于管理的行政办公组织，行政部才能发挥相应的职能；只有发挥了行政部的相应职能，才能实现企业行政管理的总体目标，构成企业行政事务管理的完整体系。

对企业行政部组织结构进行设计时，应根据企业的总体战略目标和行政部的职能及目标，深入研究各种行政组织的结构特点，明确行政工作的具体内容和大致的业务流程，设计出符合本企业实际的行政组织结构，并配备符合岗位要求的职务人员，明确相应岗位的职责和职权，最终形成规范的部门组织文件。同时，行政管理人员还应负责监控这一行政组织的运行效率，保证其正常运行，并根据企业的发展和人员的变化，逐步健全企业行政部组织结构。

由于企业所属行业、规模以及内部要求的不同，企业行政部的组织结构也不尽相同。在实际工作中，设计依据不同，行政部的组织结构也会有所不同。

一、按职能分类设计的行政部组织结构

按职能分类是指以行政部管理分工为基础，按专业化原则进行设计，具体内容如下：

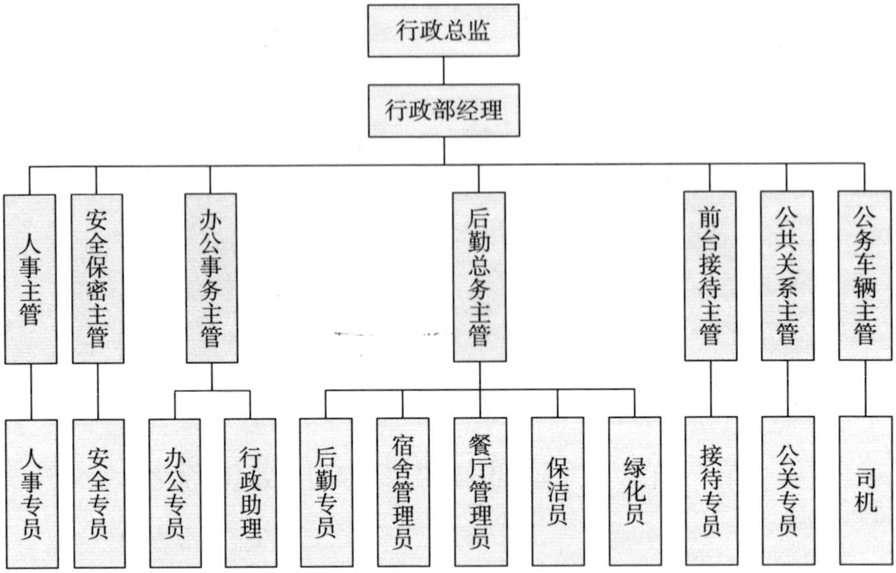

图3-1 按职能分类设计的行政部组织结构

二、按企业规模大小设计的行政部组织结构

（一）小微型企业行政部组织结构

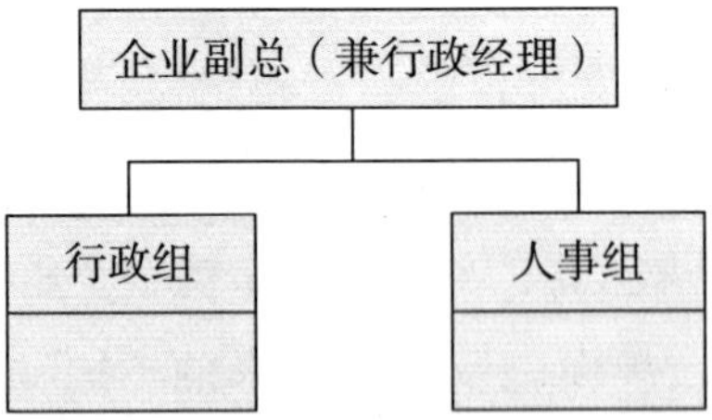

图3-2 小微型企业行政部组织结构

这种组织结构的主要特点如下：

- 适合小微型现代企业行政管理的需要；
- 部门职能较为综合；
- 企业副总兼负企业行政管理的相关工作，其他人员负责企业行政管理的

事务性工作；

- 行政部工作人员的工作范围较广，但人员数量较少，往往一人身兼多职。

（二）中小型企业行政部组织结构

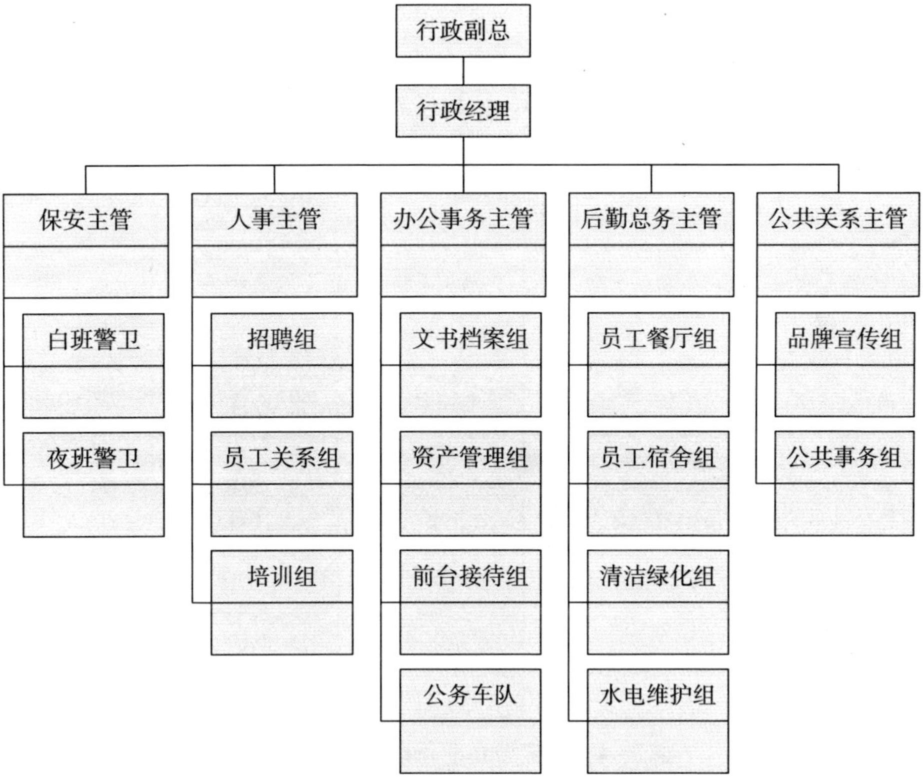

图3–3　中小型企业行政部组织结构

这种组织结构的主要特点如下：

- 适合中小型现代企业行政事务管理的需要；
- 部分管理事务从后勤总务和办公室独立出来，由专业的工作人员负责；
- 行政副总和行政经理主要负责行政事务的总体管理工作；
- 事务性工作主要由后勤总务和办公室的人员负责；
- 这样的组织结构具有灵活性和职能管理的双重特点。

（三）大中型企业行政部组织结构

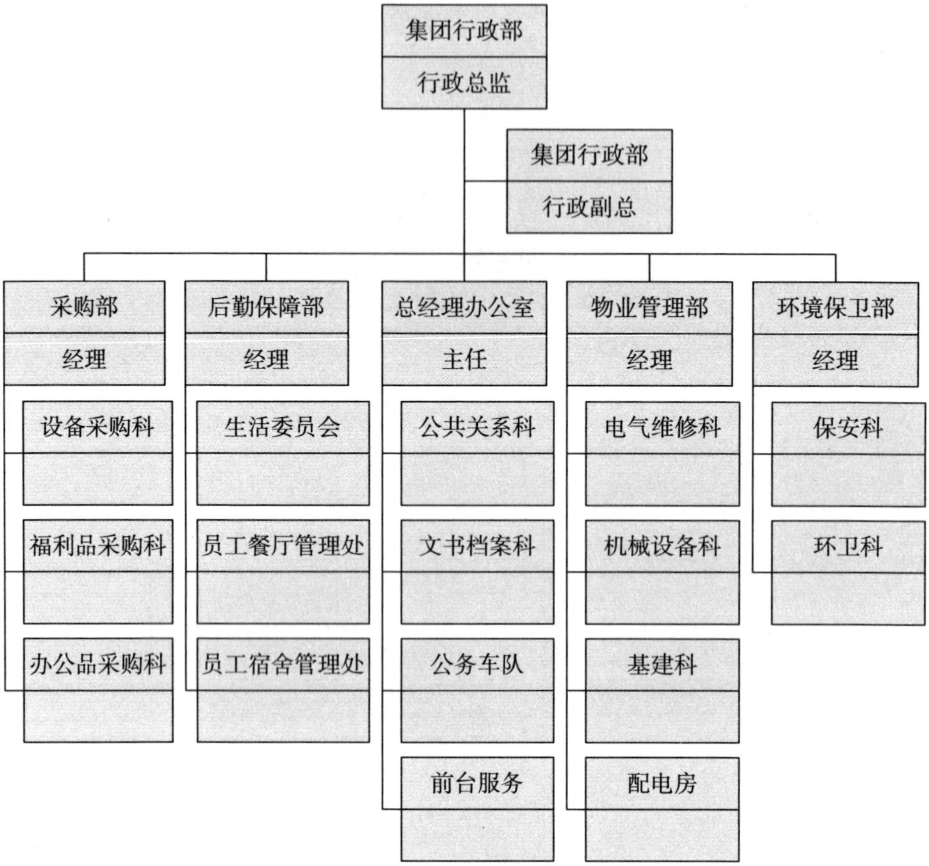

图3–4　大中型企业行政部组织结构

这种组织结构的主要特点如下：

- 适合大中型现代企业行政事务管理的需要；
- 决策性工作基本从企业行政事务管理范围中分离出来，成为独立的职能部门，如采购部、后勤保障部、物业管理部；
- 负责企业行政事务管理的主要负责人除了进行行政管理外，对其他部门如企业管理部、人力资源部、财务部等工作的控制、指导职责有所减少；
- 这种组织结构主要体现不同部门的职能，每个部门都有专门的负责人和相对比较固定的岗位。

第二节　行政部各岗位职责

一、行政总监的岗位说明书

表3-1　行政总监的岗位说明书

一、基本资料			
职位名称	行政总监	职务等级	总监级
所属部门	行政部	本职位定员人数	1
直接上级	副总经理/总经理	直接下级	行政经理/资质经理
管辖人数		晋升方向	副总经理
二、工作职责			
1. 参与公司经营战略的制定，根据公司发展战略，主导制定支撑公司战略实现的行政策略，主导制定公司行政中长期发展规划及实施计划 2. 主导研究、建立适合本企业发展的行政管理体系及管理模式 3. 主导制定和完善公司行政管理制度、流程和政策，检查督促各项制度的落实 4. 组织引进或开发公司管理所需的IT系统，如资产管理系统、档案管理系统、差旅管理系统、人事管理系统等 5. 负责制定公司行政费用年度预算，科学合理地制定行政费用计划 6. 负责公司各项行政事务及费用的审批，严格控制各项费用支出，杜绝浪费 7. 负责公司通知、内部文件、会议报告、领导讲话稿的起草、审核或审批 8. 负责公司重要会议及重要活动的策划和组织 9. 负责公司重要来宾的接待工作 10. 负责代表公司做好与政府部门、社会团体及其他相关单位的外联工作 11. 组织完成公司企业文化建设工作，包括建立企业价值观体系、构建企业文化传播网络、实施企业文化落实活动方案等 12. 组织完成企业宣传和形象提升工作，宣传公司文化和理念，树立良好公司形象 13. 组织完成公司人力资源规划、招聘配置、员工关系、薪酬福利、绩效管理、培训开发等人力资源工作 14. 组织完成公司工商年检、工商注册、工商变更、公司资质发展规划及具体申报落实、公司科技项目及政府补贴申请和管理等工作 15. 组织完成公司信息化规划、信息化系统建设/维护/管理、IT运维及服务等工作 16. 组织完成公司法律风险防控和法律事务处理等工作 17. 及时、如实、准确地向上级领导汇报工作并及时完成上司交办的其他工作			

续表

三、岗位权限			
建议权	对公司经营战略规划和日常管理的建议权	审批权	对公司各项行政事务、行政费用及部分行政管理制度的审批权
指导权	对部门工作的指导权	审核权	对公司部分行政管理制度、通知、内部文件、会议报告等的审核权
监督权	对公司经营活动和财务活动的监督权	考核权	对所属下级的管理水平、业务水平和业绩有考核评价权
解释权	对公司各项行政管理制度和文件的解释权	调配权	本部门员工工作调配决定权

四、任职资格		
1	教育背景	行政管理、人力资源管理、工商管理或相关专业本科以上学历
2	资格证	高级人力资源管理师职称优先
3	工作经验	8年以上人力行政相关工作经验，5年以上大中型公司行政人力总监工作经验
4	专业知识	熟悉使用计算机及Office办公软件 精通公司管理知识，熟练掌握人力资源管理、行政管理等方面知识，了解本行业专业知识，具备一定的法律、财会知识 熟悉国家、地区及公司关于合同管理、薪金制度、用人机制、保险福利待遇、培训等方面的法律法规及政策
5	能力与素质	领导能力、决策能力、计划执行能力、组织协调能力、分析判断能力、沟通能力、团队管理能力、情绪控制能力、学习创新能力、公文写作能力、公关能力
6	工作技能	精通行政管理制度的编制与监管 精通人力资源管理的六大模块知识 精通现代公司管理知识和法律知识 能够撰写各类分析报告 熟悉办公软件及相关的人事管理软件 较好的英文听、说、读、写能力
7	个性特征	30~42岁，性别不限，踏实、勤奋、负责、创新、廉洁、正直、坦诚、成熟、豁达、自信，高度的工作热情，良好的团队合作精神，优秀的沟通、协调、组织与开拓能力，较强的观察力和应变能力

二、行政经理的岗位说明书

表3-2 行政经理的岗位说明书

一、基本资料			
职位名称	行政经理	职务等级	经理级
所属部门	行政部	本职位定员人数	1
直接上级	行政总监	直接下级	行政主管/行政专员
管辖人数		晋升方向	行政总监
二、工作职责			
1. 协助行政总监制定公司行政策略、行政中长期发展规划及实施计划 2. 协助行政总监建立适合本企业发展的行政管理体系及管理模式 3. 协助行政总监制定和完善公司行政管理制度、流程，并负责相关制度的落实 4. 负责引进或开发公司行政管理所需的IT系统，如：资产管理系统、档案管理系统、差旅管理系统等 5. 协助行政总监制定公司行政费用年度预算，协助制定科学合理的行政费用计划，并在日常工作中落实 6. 负责公司行政相关事务及费用的审核，严格控制各项费用支出，杜绝浪费 7. 负责公司部分通知、内部文件、会议报告、领导讲话稿的起草或审核 8. 负责公司重要会议及重要活动的筹备和实施，包括会前统筹规划安排，会中及时把握动态并跟进，会后健全记录等 9. 协助行政总监做好重要来宾的接待工作，负责公司一般来宾的接待工作，包括车辆调度、食宿安排、礼品准备等 10. 协助行政总监做好与政府部门、社会团体及其他相关单位的外联工作 11. 负责行政相关合同的制定与审核，做好各个项目的洽谈工作 12. 负责公司行政相关的采购工作，确保按时完成各项采购任务，并保证所采购的物品质量符合要求 13. 负责定期进行办公职能检查，及时发现问题、解决问题，同时督促做好纠正和预防措施工作 14. 负责对下属进行培训、培养及工作指导 15. 及时、如实、准确地向上级领导汇报工作并及时完成上司交办的其他工作			
三、岗位权限			
建议权	对部门发展规划、日常管理及公司日常事务的建议权	审批权	
指导权	对本部门经理级以下员工日常工作的指导权	审核权	对行政费用、行政通知等的审核权

续表

监督权	对公司管理制度的监督权	考核权	对所属下级的管理水平、业务水平和业绩有考核权
解释权	对公司行政相关管理制度和文件的解释权	调配权	
四、任职资格			
1	教育背景	行政管理、人力资源管理、工商管理或相关专业大专以上学历	
2	资格证	中级人力资源管理师职称优先	
3	工作经验	5年以上行政相关工作经验，3年以上大中型公司行政经理工作经验	
4	专业知识	熟悉使用计算机及Office办公软件 熟悉公司管理知识，具备人力资源管理、行政管理等方面知识，了解本行业专业知识，具备一定的法律、财会知识 熟悉国家、地区及公司关于合同管理、薪金制度、用人机制、保险福利待遇、培训等方面的法律法规及政策	
5	能力与素质	计划执行能力、组织协调能力、分析判断能力、沟通能力、情绪控制能力、学习创新能力、公文能力	
6	工作技能	熟悉行政管理制度的编制与监管 熟悉现代公司管理知识 能够撰写各类分析报告 熟悉办公软件及相关的行政管理软件 较好的英文听、说、读、写能力	
7	个性特征	28~36岁，性别不限，踏实、勤奋、廉洁、正直、坦诚、负责、自信，高度的工作热情，良好的团队合作精神，优秀的沟通、协调、组织与开拓能力，较强的观察力和应变能力	

三、行政主管的岗位说明书

表3–3 行政主管的岗位说明书

一、基本资料			
职位名称	行政主管	职务等级	主管级
所属部门	行政部	本职位定员人数	
直接上级	行政经理	直接下级	司机/保洁员/保安/水电工
管辖人数		晋升方向	行政经理

续表

<table>
<tr><th colspan="4">二、工作职责</th></tr>
<tr><td colspan="4">1. 协助行政总监/经理制定和完善公司行政管理制度和流程
2. 负责所管辖范围的行政管理制度的落实执行
3. 协助行政经理制定公司行政费用年度预算，协助制定科学合理的行政费用计划，严格控制各项费用支出，杜绝浪费
4. 负责草拟部分行政通告、文件
5. 协助行政经理完成公司重要会议及重要活动的筹办工作
6. 协助行政总监/经理做好公司来宾的接待工作，包括车辆调度、食宿安排、礼品准备等
7. 负责公司的防火防盗、消防安全及后勤保障工作，定期进行安全检查，落实防火、防电、防盗、防灾为主的安全责任制，保证公司安全和正常运营
8. 负责维护公司办公环境，组织完成绿化和保洁工作，为员工创造并保持良好的生活和工作环境
9. 负责公司车辆及司机管理，做好车辆调度、维修、保养、年检等工作，确保公司领导和职工正常工作用车；加强车辆管理，保证行车安全，控制费用支出
10. 负责公司考勤管理，统计员工出勤、请假、加班、补休、因公外出等，编制员工出勤月报表
11. 负责公司食堂、宿舍管理
12. 负责公司水电、维修、电梯维护、装修工程的管理
13. 及时、如实、准确地向上级领导汇报工作并及时完成上司交办的其他工作</td></tr>
<tr><th colspan="4">三、岗位权限</th></tr>
<tr><td>建议权</td><td>对部门发展规划、日常管理及公司日常事务的建议权</td><td>审批权</td><td></td></tr>
<tr><td>指导权</td><td>对本部门主管级以下员工行政管理工作的指导权</td><td>审核权</td><td>对公司部分行政事务、行政费用的审核权</td></tr>
<tr><td>监督权</td><td>对公司管理制度的监督权</td><td>考核权</td><td>对所属下级的业务水平和业绩有考核权</td></tr>
<tr><td>解释权</td><td>对公司部分行政管理制度和文件的解释权</td><td>调配权</td><td></td></tr>
<tr><th colspan="4">四、任职资格</th></tr>
<tr><td>1</td><td>教育背景</td><td colspan="2">行政管理、人力资源管理、工商管理或相关专业大专以上学历</td></tr>
<tr><td>2</td><td>资格证</td><td colspan="2"></td></tr>
<tr><td>3</td><td>工作经验</td><td colspan="2">4年以上行政相关工作经验，2年以上行政主管工作经验</td></tr>
</table>

续表

4	专业知识	熟悉使用计算机及Office办公软件 熟悉公司管理知识，具备人力资源管理、行政管理等方面知识
5	能力与素质	计划执行能力、组织协调能力、分析判断能力、沟通能力、情绪控制能力
6	工作技能	熟悉行政管理制度的编制与监管 了解现代公司管理知识 能够撰写各类分析报告 熟悉Office办公软件及相关的行政管理软件 较好的英文听、说、读、写能力
7	个性特征	26~32岁，性别不限，踏实、勤奋、廉洁、正直、坦诚、负责、自信，高度的工作热情，良好的团队合作精神，优秀的沟通、协调、组织与开拓能力，较强的观察力和应变能力

四、行政专员的岗位说明书

表3–4　行政专员的岗位说明书

一、基本资料			
职位名称	行政专员	职务等级	基层级
所属部门	行政部	本职位定员人数	
直接上级	行政经理	直接下级	
管辖人数		晋升方向	行政主管/经理
二、工作职责			
1. 协助行政总监/经理制定和完善公司行政管理制度和流程 2. 严格执行部门制定的行政管理制度和流程 3. 协助行政经理制定公司行政费用年度预算 4. 负责草拟部分行政通告、文件 5. 协助行政总监/经理完成公司重要会议及重要活动的筹办工作 6. 协助行政总监/经理做好公司来宾的接待工作，负责公司展厅讲解 7. 参与公司资产管理系统的需求调研和选型，负责资产管理系统的功能优化完善和使用培训指导 8. 负责公司资产的定期监控、盘点、统计分析等工作			

续表

9. 参与公司档案管理系统的需求调研和选型，负责档案管理系统的功能优化完善和使用培训指导
10. 负责公司档案室的建设、改造和维护
11. 协助行政经理完成公司行政各个专项模块的优化（如公司差旅管理机票、酒店的预订流程及系统优化）
12. 负责行政部各个模块报表数据的收集、整理和分析
13. 及时、如实、准确地向上级领导汇报工作并及时完成上司交办的其他工作

三、岗位权限

建议权	对部门日常管理及公司日常事务的建议权	审批权	
指导权		审核权	
监督权		考核权	
解释权	对部分行政管理制度和文件的解释权	调配权	

四、任职资格

1	教育背景	行政管理、人力资源管理、工商管理或相关专业大专以上学历
2	资格证	
3	工作经验	2年以上行政相关工作经验
4	专业知识	熟悉使用计算机及Office办公软件 接受过资产管理、档案管理及商务礼仪等方面的培训 了解资产管理、办公室档案管理等方面的知识
5	能力与素质	计划执行能力、分析判断能力、沟通能力、学习创新能力、公文能力
6	工作技能	熟悉行政管理制度的编制与监管 能够撰写分析报告 熟悉办公软件及相关的行政管理软件 具有良好的语言、文字表达能力，有一定的英文基础
7	个性特征	24~28岁，性别不限，待人诚恳、踏实、勤奋、热情、工作认真负责，善于与人沟通，具有较强的应变能力和良好的服务意识

五、行政助理的岗位说明书

表3–5 行政助理的岗位说明书

<table>
<tr><th colspan="6">一、基本资料</th></tr>
<tr><td colspan="2">职位名称</td><td colspan="2">行政助理</td><td>职务等级</td><td>基层级</td></tr>
<tr><td colspan="2">所属部门</td><td colspan="2">行政部</td><td>本职位定员人数</td><td></td></tr>
<tr><td colspan="2">直接上级</td><td colspan="2">行政主管/经理</td><td>直接下级</td><td></td></tr>
<tr><td colspan="2">管辖人数</td><td colspan="2"></td><td>晋升方向</td><td>行政主管</td></tr>
<tr><th colspan="6">二、工作职责</th></tr>
<tr><td colspan="6">1. 协助行政总监/经理制定和完善公司行政管理制度和流程
2. 严格执行部门制定的行政管理制度和流程
3. 协助行政经理制定公司行政费用年度预算
4. 协助行政总监/经理完成公司重要会议及重要活动的筹办工作
5. 协助行政总监/经理做好公司来宾的接待工作
6. 协助行政主管做好公司绿化及保洁管理工作
7. 协助行政主管做好公司食堂管理，负责公司食堂食材检查、卫生检查、环境次序管理、食堂人员管理、员工投诉处理、每月账单核对等工作，负责根据领导和客人需求安排食堂用餐或打包工作餐
8. 负责公司公务车辆的油卡管理
9. 负责会议室管理并协助日常小型接待会议相关工作，包括会议室设备日常维护管理、会议室预定管理、会议茶点采购等
10. 负责公司图书管理，包括图书采购、存档、借阅登记及回收等
11. 负责公司礼品、酒水管理，包括礼品、酒水的采购、入库、领用登记、报表制作等
12. 负责为海外事业部同事办理有关签证工作
13. 负责办理对有关政府部门的项目申报、年检以及证照、批文申领手续
14. 及时、如实、准确地向上级领导汇报工作并及时完成上司交办的其他工作</td></tr>
<tr><th colspan="6">三、岗位权限</th></tr>
<tr><td>建议权</td><td colspan="3">对部门日常管理及公司日常事务的建议权</td><td>审批权</td><td></td></tr>
<tr><td>指导权</td><td colspan="3"></td><td>审核权</td><td></td></tr>
<tr><td>监督权</td><td colspan="3"></td><td>考核权</td><td></td></tr>
<tr><td>解释权</td><td colspan="3"></td><td>调配权</td><td></td></tr>
<tr><th colspan="6">四、任职资格</th></tr>
<tr><td>1</td><td>教育背景</td><td colspan="4">行政管理、人力资源管理、工商管理或相关专业大专以上学历</td></tr>
</table>

续表

2	资格证	
3	工作经验	1年以上行政相关工作经验
4	专业知识	熟悉使用计算机及Office办公软件 接受过后勤服务管理、会议管理及商务礼仪等方面的培训 了解后勤服务管理、会议管理等方面的知识
5	能力与素质	良好的沟通和执行能力
6	工作技能	熟悉行政管理制度 能够撰写分析报告 熟悉办公软件及相关的行政管理软件 具有较好的语言、文字表达能力，有一定的英文基础
7	个性特征	22~26岁，性别不限，待人诚恳、踏实、勤奋、热情、工作认真负责，善于与人沟通，具有较强的应变能力和良好的服务意识

六、行政前台的岗位说明书

表3–6 行政前台的岗位说明书

一、基本资料			
职位名称	行政前台	职务等级	基层级
所属部门	行政部	本职位定员人数	
直接上级	行政经理	直接下级	
管辖人数		晋升方向	
二、工作职责			
1. 严格执行部门制定的行政管理制度和流程 2. 协助行政经理制定公司行政费用年度预算 3. 协助行政总监/经理完成公司重要会议及重要活动的筹办工作 4. 协助行政总监/经理做好公司来宾的接待工作 5. 负责公司前台接待相关工作，包括前台电话接听/转接/记录/传达、传真收发、来访人员引导接待、大堂区域形象维护、门禁卡的登记/发放/收回等 6. 负责办公用品/低值易耗品管理，包括办公用品及低值易耗品的采购、入库、领用登记、报表制作等 7. 负责公司快递/信件/包裹的收发、快递供应商对比选用、费用结算、报表制作等工作 8. 负责公司机票、酒店预订及费用结算			

续表

<table>
<tr><td colspan="4">9. 负责公司个人话费管理，包括员工个人话费补贴申请受理、每月账单核对/结算/分摊、报表制作等
10. 负责公司饮用水管理，包括及时与供应商沟通送水或楼层间协调、费用结算、员工水票购买登记/发放/结算等
11. 负责公司员工名片及印刷品印制需求受理、费用结算
12. 负责房租、物业管理、水电、清洁等费用的结算
13. 下班前检查电脑、打印机、灯、插座、饮水机等相关电源是否关掉，关好闸、灯、电源、窗，锁好门
14. 及时、如实、准确地向上级领导汇报工作并及时完成上司交办的其他工作</td></tr>
<tr><td colspan="4">三、岗位权限</td></tr>
<tr><td>建议权</td><td>对部门日常管理及公司日常事务的建议权</td><td>审批权</td><td></td></tr>
<tr><td>指导权</td><td></td><td>审核权</td><td></td></tr>
<tr><td>监督权</td><td>对办公用品具有保管、检查、监督权</td><td>考核权</td><td></td></tr>
<tr><td>解释权</td><td></td><td>调配权</td><td></td></tr>
</table>

<table>
<tr><td colspan="3">四、任职资格</td></tr>
<tr><td>1</td><td>教育背景</td><td>专业不限，大专以上学历</td></tr>
<tr><td>2</td><td>资格证</td><td></td></tr>
<tr><td>3</td><td>工作经验</td><td>1年以上行政相关工作经验</td></tr>
<tr><td>4</td><td>专业知识</td><td>熟悉使用计算机及Office办公软件
接受过前台接待、商务礼仪等方面的培训
熟悉前台接待和商务礼仪的标准规范
了解办公用品管理、机票酒店预订等方面的知识</td></tr>
<tr><td>5</td><td>能力与素质</td><td>良好的沟通和执行能力</td></tr>
<tr><td>6</td><td>工作技能</td><td>熟悉行政管理制度及流程
熟悉办公软件及相关的行政管理软件
具有较好的语言、文字表达能力，有一定的英文基础</td></tr>
<tr><td>7</td><td>个性特征</td><td>22~26岁，女性，身高165cm以上，形象气质佳，性格开朗、活泼、待人诚恳、踏实、勤奋、热情、工作认真负责，善于与人沟通，具有较强的应变能力和良好的服务意识</td></tr>
</table>

七、司机的岗位说明书

表3–7　司机的岗位说明书

一、基本资料			
职位名称	司机	职务等级	基层级
所属部门	行政部	本职位定员人数	
直接上级	行政主管	直接下级	
管辖人数		晋升方向	
二、工作职责			
1. 着装整洁，遵守《中华人民共和国道路交通安全法》及有关交通安全管理的规章规则，安全驾车，同时遵守本公司其他相关的规章制度 2. 负责公司车辆的年检、保险及保养维修，经常检查车辆的主要机件，出车前，要例行检查车辆的水、电、油及其他性能是否正常，发现不正常时，要立即加补或调整；出车回来，要检查存油量，发现存油不足时，应立即加油 3. 发现车辆有故障时要立即检修，自己无法完成检修的，应立即报告直接上级，并提出具体的维修意见(包括维修项目和大致需要的经费等)，未经批准，不许私自将车辆送厂维修，违者费用不予报销 4. 负责公司客户/领导/同事的出车服务，认真准确填写“用车申请单”的内容，不得伪造车辆行驶信息 5. 对自己及车辆的各种证件的有效性应经常检查，出车时一定保证证件齐全 6. 注意休息，不准疲劳驾车，不准将公司车挪作私用，酒后驾车或私自用车造成的一切违章或交通事故后果均由司机本人承担，且公司有权对其无偿辞退 7. 出车执行任务，遇特殊情况不能按时返回的，应及时通知直接上级，并说明原因 8. 因违章或证件不全被交警部门罚款的，公司不予报销，违章造成事故的由当事司机承担责任和后果 9. 司机接送来宾及人员，应具备基本礼貌礼仪，以将客人、来宾送至目的地大门口为原则，不得无故让来宾、客人下车步行至目的地 10. 未经领导批准，不得将自己保管的车辆随便借给其他人驾驶 11. 负责每月各部门的用车统计及报表制作 12. 及时、如实、准确地向上级领导汇报工作并及时完成上司交办的其他工作			
三、岗位权限			
建议权	对部门日常管理及公司日常事务的建议权	审批权	
指导权		审核权	
监督权	对公司车辆具有保管、检查、监督权	考核权	

续表

解释权			调配权	
四、任职资格				
1	教育背景	高中以上学历		
2	资格证	持C1驾驶证		
3	工作经验	5年以上驾龄，安全意识高，无不良嗜好（如喝酒、赌博等）		
4	专业知识	熟悉接待和商务礼仪的标准规范 能熟练驾驶，熟悉汽车构造，熟悉相关道路情况，安全意识高		
5	能力与素质	良好的沟通和执行能力		
6	工作技能	熟悉行政管理制度及流程 熟悉办公软件及相关的行政管理软件 具有较好的语言表达能力		
7	个性特征	28~35岁，男性，身高170cm以上，性格稳重、待人诚恳、踏实、热情、工作细心、责任心强、保密意识强，善于与人沟通，具有较强的应变能力和良好的服务意识		

八、保洁员的岗位说明书

表3-8　保洁员的岗位说明书

一、基本资料			
职位名称	保洁员	职务等级	基层级
所属部门	行政部	本职位定员人数	
直接上级	行政主管	直接下级	
管辖人数		晋升方向	
二、工作职责			
1. 自觉遵守公司的各项规章制度，仪容整齐、整洁 2. 根据公司的标准化要求完成各个区域的日常清洁工作 3. 环境卫生清扫（地面、办公区域、洗手间、楼梯、走廊等）必须做到“五无”：无纸屑、无积灰、无积水、无污迹、无异味 4. 办公区域、卫生间每日不得少于两次清洁，并将垃圾装袋倾倒到指定地点 5. 保持办公区域四壁洁净，墙角、天花板无蜘蛛网，门窗清洁明亮，桌、椅、饮水机、杯子等干净，地上无明显脏痕 6. 发现公共设施有损坏及时上报部门负责人，以便及时安排维修			

续表

7. 对各种清洁工具定点摆放，严禁随意在楼道摆放，并注意日常保养、维修，妥善保管，以延长其使用期限 8. 如果遇到雨雪天气，要及时做好路面防滑工作，做到路面无积雪、无积水，并及时地清洁公共区域地面卫生 9. 做好公司防虫、灭虫、卫生消毒等相关计划和工作 10. 及时、如实、准确地向上级领导汇报工作并及时完成上司交办的其他工作			
三、岗位权限			
建议权		审批权	
指导权		审核权	
监督权		考核权	
解释权		调配权	

四、任职资格		
1	教育背景	初中以上学历
2	资格证	
3	工作经验	有相关工作经验者优先录用
4	专业知识	熟悉保洁的标准规范
5	能力与素质	良好的沟通和执行能力
6	工作技能	熟悉行政管理制度及流程 身体健康，有较好的劳动能力
7	个性特征	32~55岁，性别不限，吃苦耐劳、认真细心、踏实、勤奋、坦诚、负责

九、保安的岗位说明书

表3–9 保安的岗位说明书

一、基本资料			
职位名称	保安员	职务等级	基层级
所属部门	行政部	本职位定员人数	
直接上级	行政主管	直接下级	
管辖人数		晋升方向	

续表

二、工作职责			
1. 严格遵守公司各项规章制度，做好来访人员的接待，礼貌待人，维护公司形象 2. 客人来访时，需要站起来接待，并让他们做好登记，征求被访者同意后方可放行 3. 车辆来访时，需要做好车辆登记，通知联系人经得同意后方可放行，并对车辆的停放位置做好相应的规定 4. 重要客人来访时，主动走出值班室，为他们指引，同时做好登记 5. 公司员工及车辆外出，应持有部门领导所批示的相关手续 6. 发放货物车辆放行前，必须根据发货通知单做好物品的件数清点和验证工作，完全一致后方可签字确认并放行，同时做好登记 7. 规定每60分钟巡逻一次并做好巡查记录，巡逻时保持高度警惕，做好个人安全防范措施 8. 碰到突发状况，第一时间联系其他值班人员，然后见机行事，见到可疑人物可以拨打周边派出所值班电话或者110 9. 发现办公室门窗或电器开关未关闭时应及时关闭，并要求第二天将情况进行通报，引起当事人的高度重视 10. 协助行政部做好日常考勤监督工作，发现有违反公司相关制度的行为应及时制止或上报；如考勤机出现故障时，当班门卫应按照公司相关制度进行指纹考勤，并及时进行报修 11. 做好责任区卫生保洁及保持公司车辆及电动车有序摆放 12. 及时、如实、准确地向上级领导汇报工作并及时完成上司交办的其他工作			
三、岗位权限			
建议权		审批权	
指导权		审核权	
监督权	对公司消防安全进行监督	考核权	
解释权		调配权	

四、任职资格		
1	教育背景	初中以上学历
2	资格证	
3	工作经验	1年以上保安相关工作经验
4	专业知识	熟悉治安管理条例、消防安全知识，具备解决突发事件的能力
5	能力与素质	良好的沟通能力、执行能力、情绪控制能力
6	工作技能	熟悉行政管理制度 熟悉办公软件
7	个性特征	身高170cm以上，30~50岁，退伍军人，踏实、主动、细致、勤奋、廉洁、坦诚、负责，有良好的职业道德和职业操守，服从领导、听从指挥，高度的工作热情，良好的团队合作精神

十、水电工的岗位说明书

表3–10　水电工的岗位说明书

<table>
<tr><th colspan="4">一、基本资料</th></tr>
<tr><td>职位名称</td><td>水电工</td><td>职务等级</td><td>基层级</td></tr>
<tr><td>所属部门</td><td>行政部</td><td>本职位定员人数</td><td></td></tr>
<tr><td>直接上级</td><td>行政主管</td><td>直接下级</td><td></td></tr>
<tr><td>管辖人数</td><td></td><td>晋升方向</td><td></td></tr>
<tr><th colspan="4">二、工作职责</th></tr>
<tr><td colspan="4">1. 负责公司水电管理工作，包括：每月对公司水电线路进行全面检查、独立完成较小工程的水电改造、公司发电机及高低压配电房的管理等
2. 负责公司的各项维修工作，包括：定期对公司门窗、灯、水龙头等进行检查，发现问题立即处理；对员工反馈的桌椅损坏修复申请进行记录，并在当日完成修复或更换；负责其他办公相关需要的简单设备维修
3. 负责公司电梯管理工作，包括：监督电梯维保单位定期对电梯进行年检，并收取年检单存档，进行维保费用结算；监督升降梯厂家定期对升降机进行检查，并对检查报告进行存档；电梯、升降梯意外情况的处理，如电梯打不开等
4. 负责公司各类型装修及装修工程的质量和进度跟进
5. 协助行政主管做好防火防电及消防安全工作
6. 协助行政经理做好园区化运营的相关工作
7. 及时、如实、准确地向上级领导汇报工作并及时完成上司交办的其他工作</td></tr>
<tr><th colspan="4">三、岗位权限</th></tr>
<tr><td>建议权</td><td></td><td>审批权</td><td></td></tr>
<tr><td>指导权</td><td></td><td>审核权</td><td></td></tr>
<tr><td>监督权</td><td></td><td>考核权</td><td></td></tr>
<tr><td>解释权</td><td></td><td>调配权</td><td></td></tr>
<tr><th colspan="4">四、任职资格</th></tr>
<tr><td>1</td><td>教育背景</td><td colspan="2">高中以上学历</td></tr>
<tr><td>2</td><td>资格证</td><td colspan="2">电工证</td></tr>
<tr><td>3</td><td>工作经验</td><td colspan="2">3年以上水电工相关工作经验</td></tr>
<tr><td>4</td><td>专业知识</td><td colspan="2">熟悉水路、电路方面的专业知识
熟悉防火防电、消防安全方面的专业知识</td></tr>
</table>

续表

5	能力与素质	良好的沟通和执行能力
6	工作技能	熟悉行政管理制度及流程 熟悉办公软件及相关的行政管理软件 具有较好的语言表达能力
7	个性特征	30~50岁，男性，待人诚恳、踏实、工作细心、责任心强，具有良好的服务意识

十一、网络管理员的岗位说明书

表3-11　网络管理员的岗位说明书

一、基本资料			
职位名称	网络管理员	职务等级	基层级
所属部门	行政部	本职位定员人数	
直接上级	行政经理	直接下级	
管辖人数		晋升方向	
二、工作职责			
1. 协助行政总监/经理制定和完善公司行政管理制度和流程 2. 严格执行部门制定的行政管理制度和流程 3. 协助行政经理制定公司行政费用年度预算 4. 负责公司服务器、办公电脑、办公网络、电话交换机、电话、投影仪、打印机、复印机、无线路由器等办公设施设备的日常维护和故障排除维护，以确保公司办公正常运行 5. 负责网络及数据安全策略的实施：网络安全管理，病毒公告、防御、检测、清除，网络反病毒软件统一部署、升级，网络防火墙的配置管理 6. 负责公司网络安全设置、管理以及维护，监测公司网络系统的运行状态，并进行维护，确保其正常运作，包括路由器、交换机、VoIP设备等 7. 负责公司业务系统、办公系统的维护及业务数据的管理，包括网络设备使用规划、配置、升级、布线，网络使用、宽带监测 8. 负责公司网站的建立和维护管理 9. 协助硬件资产登记，使用情况记录 10. 负责软件方面维护、更新、升级；根据需求规划、安装、配置、管理服务器，用户账户以及密码管理（包括建立、更新、删除、按需分配） 11. 及时、如实、准确地向上级领导汇报工作并及时完成上司交办的其他工作			

续表

三、岗位权限			
建议权	对部门日常管理及公司日常事务的建议权	审批权	
指导权		审核权	
监督权		考核权	
解释权	对部分行政管理制度和文件的解释权	调配权	

四、任职资格		
1	教育背景	计算机或相关专业大专以上学历
2	资格证	计算机等级证书
3	工作经验	3年以上相关工作经验，2年以上大中型公司网络管理员工作经验
4	专业知识	精通电脑软硬件、打印机、复印机等，对弱电板块熟悉，对网络知识了解透彻，熟悉日常办公设备
5	能力与素质	计划执行能力、分析判断能力、沟通能力
6	工作技能	熟悉行政管理制度和流程 能够撰写分析报告 熟悉办公软件及相关的行政管理软件 具有良好的语言、文字表达能力，有一定的英文基础
7	个性特征	26~35岁，男性，性格开朗、待人诚恳、踏实、勤奋、热情、工作认真负责，善于与人沟通，具有较强的应变能力和良好的服务意识

十二、资质经理的岗位说明书

表3-12　资质经理的岗位说明书

一、基本资料			
职位名称	资质经理	职务等级	经理级
所属部门	行政部	本职位定员人数	1
直接上级	行政总监	直接下级	资质专员
管辖人数		晋升方向	行政总监
二、工作职责			
1. 协助行政总监制定公司行政策略、行政中长期发展规划及实施计划			

续表

2. 协助行政总监建立适合本企业发展的行政管理体系及管理模式
3. 协助行政总监制定和完善公司行政管理制度和流程，并负责相关制度的落实
4. 协助行政总监制定公司行政费用年度预算，协助制定科学合理的资质费用计划，并在日常工作中落实
5. 负责公司资质相关事务及费用的审核，严格控制各项费用支出，杜绝浪费
6. 负责对外联络及与政府关系的维护，包括相关业务科室的拜访、联系、项目答辩、企业调查等到访人员的接待工作
7. 负责公司重要资质的规划、申请、维护及管理，包括ISO系列证书、CMMI证书、高新技术企业、信息系统集成及服务资质、涉密信息系统集成资质、通信工程施工总承包资质等
8. 负责公司科技项目立项申报、管理及验收工作，包括获取项目申报消息、课题申请评估、内部资料整合、外部检查、答辩、阶段检查及项目验收、第三方验证等工作
9. 组织完成公司政府补贴奖励的申请工作，包括加计扣除及省市区级研究开发费用补助、高新技术企业认定补贴、知识产权管理规范体系认证补贴、两化融合体系贯标补贴、专利补贴等
10. 负责公司知识产权的管理工作，包括规划、组织、实施、协调等工作
11. 负责公司印章和证照的管理，严格落实用印制度，保证安全用印，实施专人专管
12. 负责资质相关合同的制定与审核，做好各个项目的洽谈工作
13. 负责对下属进行培训、培养及工作指导
14. 及时、如实、准确地向上级领导汇报工作并及时完成上司交办的其他工作

三、岗位权限

建议权	对部门发展规划、日常管理及公司日常事务的建议权	审批权	
指导权	对本部门经理级以下员工日常工作的指导权	审核权	对公司资质相关事务及费用的审核权
监督权	对公司管理制度的监督权	考核权	对所属下级的管理水平、业务水平和业绩有考核评价权
解释权	对公司资质相关管理制度和文件的解释权	调配权	

四、任职资格

1	教育背景	行政管理、工商管理或相关专业大专以上学历
2	资格证	有ISO审核员资质者优先
3	工作经验	5年以上资质相关工作经验，3年以上大中型公司资质经理工作经验

续表

4	专业知识	熟悉使用计算机及Office办公软件 熟悉公司管理知识，具备人力资源管理、行政管理等方面知识，了解本行业专业知识，具备一定的法律、财会知识 熟悉国家、地区及公司关于合同管理、薪金制度、用人机制、保险福利待遇、培训等方面的法律法规及政策
5	能力与素质	计划执行能力、组织协调能力、分析判断能力、沟通能力、情绪控制能力、学习创新能力、公关能力
6	工作技能	熟悉行政管理制度的编制与监管 熟悉现代公司管理知识 能够撰写各类分析报告 熟悉办公软件及相关的行政管理软件 较好的英文听、说、读、写能力
7	个性特征	28~36岁，性别不限，踏实、勤奋、廉洁、正直、坦诚、负责、自信，高度的工作热情，良好的团队合作精神，优秀的沟通、协调、组织与开拓能力，较强的观察力和应变能力

十三、资质专员的岗位说明书

表3–13 资质专员的岗位说明书

一、基本资料			
职位名称	资质专员	职务等级	基层级
所属部门	行政部	本职位定员人数	
直接上级	资质经理	直接下级	
管辖人数		晋升方向	资质经理
二、工作职责			
1. 严格执行部门制定的行政管理制度和流程 2. 协助资质经理制定公司行政费用年度预算 3. 负责公司设立、变更、年检、注销等工商登记手续办理 4. 协助资质经理做好公司重要资质的申请工作，同时负责公司基本资质及荣誉证书的申请、维护及管理工作 5. 协助资质经理做好公司科技项目立项申报、管理及验收工作			

续表

6. 负责公司政府补贴奖励的申请工作，包括加计扣除及省市区级研究开发费用补助、高新技术企业认定补贴、知识产权管理规范体系认证补贴、两化融合体系贯标补贴、专利补贴等 7. 负责公司知识产权的申请、跟进及存档，包括专利、著作权、商标的对内跟进及对外受理等工作 8. 负责公司软件产品评估及软件企业评估工作 9. 负责公司软件产品第三方检测、认证及查新工作 10. 负责公司部分印章的盖印工作，严格落实用印制度，保证安全用印 11. 根据省、市政府部门的相关要求，配合完成各项数据统计、调查工作 12. 及时、如实、准确地向上级领导汇报工作并及时完成上司交办的其他工作			
三、岗位权限			
建议权	对部门日常管理及公司日常事务的建议权	审批权	
指导权		审核权	
监督权		考核权	
解释权	对部分资质管理制度和文件的解释权	调配权	

四、任职资格		
1	教育背景	行政管理、工商管理或相关专业大专以上学历
2	资格证	
3	工作经验	2年以上资质相关工作经验
4	专业知识	熟悉使用计算机及Office办公软件 接受过资质申报、政府补贴奖励申请、知识产权管理等方面的培训 了解工商登记手续办理、资质管理、政府补贴奖励政策及申报流程等方面的知识
5	能力与素质	计划执行能力、分析判断能力、沟通能力、学习创新能力、公文能力
6	工作技能	熟悉行政管理制度的编制与监管 能够撰写分析报告 熟悉办公软件及相关的行政管理软件 具有良好的语言、文字表达能力，有一定的英文基础
7	个性特征	24~28岁，性别不限，待人诚恳、踏实、勤奋、热情、工作认真负责，善于与人沟通，具有较强的应变能力和良好的服务意识

行政管理实操篇

第四章　资产管理

资产是指由企业过去的交易或事项形成的、由企业拥有或者控制的、预期会给企业带来经济利益的资源。资产可以分为固定资产、无形资产和其他资产。固定资产是指企业为生产产品、提供劳务、出租或者经营管理而持有、使用时间超过12个月的，价值达到一定标准的非货币性资产，包括房屋、建筑物、机器、机械、运输工具以及其他与生产经营活动有关的设备、器具、工具等。拓展开来，其实企业经营过程中所使用和购买的任何实物均是固定资产的范畴，只是根据价值高低和使用时间长短可进行种类划分，如低值易耗品、低值耐用品、固定资产等。无形资产是指企业为生产商品或者提供劳务出租给他人，或为管理目的而持有的没有实物形态的非货币性长期资产。大量的资产如果没有良好的管理方法，不仅要浪费大量人力物力，较低的利用率也会给公司带来较高的经营成本，阻碍公司发展。如深圳某大型通信公司通过资产管理优化，盘点闲置资产，提高资产利用效率，每年节约上亿元资产采购费用。所以本书把资产管理放在实操篇的第一章，也是希望能够引起大家的重视。

第一节　资产管理的基础功能设置

资产的基础功能设置是整体资产管理的基础，只有确定合理的分类和管理范畴，确定管理规则，才能有据可依，规范管理。

一、资产分类

根据公司的资产情况，将公司资产类别进行梳理，可方便资产后续管理和查找，公司资产可以按照资产属性、资产大类、资产子类（二级）、资产子类（三级）进行分类，分为四级（各公司可视资产种类复杂程度进行分类，如资产量较少，种类较为单一，可减少分类级别）。

二、资产属性

资产属性可以分为固定资产、低值耐用品、低值易耗品、无形资产等。我们可以做如下定义：单位价值超过1000元并且可以单独使用的设备（如办公家具、电脑、手机等）为固定资产；无论价值多少，软件等没有实物的属于无形资产；其他属于低值资产，低值资产中单位价值低于100元或者项目使用确认无法回收的资产为低值易耗品，低值资产中单位价值大于等于100元的资产属于低值耐用品。

本书中讨论的资产管理范畴按照属性划分是指固定资产和低值耐用品，如有读者所在公司将低值易耗品和无形资产纳入管理，可供参考。

三、资产分类表

表4-1是一个简单的资产分类表，供大家参考。

表4-1　××公司资产分类表

资产属性	资产大类	资产子类	资产子类(三级)	备注
固定资产	办公家具	桌子	办公桌、会议桌、茶几	
		椅子	办公椅、会议椅、沙发	
		储物柜	文件柜、保险柜	
	汽车	汽车	汽车	
	电脑	笔记本电脑	笔记本电脑	
		平板电脑	平板电脑	
		台式电脑	显示器	
			主机	
	手机	手机	手机	
	服务器	服务器	服务器	
	办公设备	网络连接设备	交换机、路由器、AP	
		打印机	打印机	
		相机	相机	
		投影仪	投影仪	
	房屋	房屋	房屋	

续表

资产属性	资产大类	资产子类	资产子类(三级)	备注
低值耐用品	办公设备	硬盘	硬盘	
		内存条	内存条	
		网络连接设备	网卡、网线	
		杂类	吸尘器、微波炉、录音笔	
	其他	其他	其他	

四、资产状态

资产状态的设置和资产的使用情况是相对应的，可分为“闲置、使用中、处置中、归还中、转借中”，设置清晰的状态显示，便于分析资产的使用率、流转率等相关指标，及时发现使用率偏低和流转率较差的资产并进行处理。

闲置：资产暂时无人领用，在仓库存放时显示的状态；

使用中：资产已被人领用时显示的状态；

处置中：资产到报废状态，在报废流程流转时所显示的状态；

归还中：员工使用资产完毕，提交资产归还单，但资产管理员还未确认的期间所显示的状态；

转借中：员工将资产转借给另外一位同事，接收人还未确认期间显示的状态。

五、仓库设置

仓库设置的原则以管理便利性为主，一般有两种划分方法：一是根据地域，二是根据资产种类。

根据地域划分适用于公司有多处办公地点，且各个办公地点之间的距离较远，所以在各办公地点设置一个资产仓库，由该办公地点的助理兼任资产管理员，方便日常资产借用和盘点。

根据资产种类划分适用于公司资产较多的情况，且有一部分资产是专用于某一领域（如专门用于产品研发测试的资产或者用于生产的资产），经常产生借用且需要对资产较为了解，则可对该类资产专门划分一个仓库进行管理，可由该领域的助理兼任资产管理员进行管理。

六、资产卡片

资产卡片相当于资产的名片，记录着资产的属性、类别、基本信息、借用情况等信息，资产管理员可随时查看资产状况，合理分配资产，提高使用效率。资产卡片的基本信息参考如下：

表4–2　资产卡片信息

资产编号		资产分类		资产名称	
机身码		品牌		型号	
单位		数量		入账日期	
归属公司	（针对多公司）	使用状态		所属仓库	（针对多仓库）

第二节　资产需求申请、归还、续借、转借

资产管理员的重点在于“管理”，而不是“事必躬亲”，而管理的范畴不仅仅是资产，更重要的是管理使用资产的人，让资产使用人按照“设计”好的路去走，“帮”你完成资产的流动管理，你只需要坐镇后台“指点江山”。

一、需求申请

为合理配置资产，确保资产领用是为工作所需，避免员工随意领用资产造成浪费，所有员工领用资产之前必须进行需求申请，由员工所在部门负责人审批同意方可。需求申请表功能设置参考如下：

表4–3　需求申请表

申请单号		申请日期	
借出仓库	（针对多仓库情况）	使用人	
使用人部门		使用人所属公司	（针对集团公司有多个子公司的情况）
申请人部门		申请原因	

续表

期望借用日期		预计归还日期	
设备预估总金额		发货方式	○快递　　○直接领用
收货地址			
资产信息			

以上表格可通过OA办公系统流程完成，填写完整提交后自动进入审批流程，如公司暂无OA资产管理模块，可印制纸质申请表，在下方增加审批签字字段即可。

须注意的是，流程的线上应用不仅仅局限于公司内部的OA办公系统，随着现在信息化管理的普及，市面上有许多轻应用可以免费或者以较低价格使用，作为行政管理人员平时可多留意，综合评估后如有合适的可引入使用。

二、资产归还、续借

好的流程设计可以引导解决员工的惰性问题，资产归还的核心设计元素在于提前确认好归还时间，否则想要依靠员工的自觉等待员工归还，你就只能“望眼欲穿”了，而依靠资产管理员一一提醒更不现实。

资产是不断折旧和淘汰的，那些没有及时归还的资产，就是公司不断流失的财产。所以，合理的提醒和限制，在资产归还这个环节是非常重要的。我们一般是在员工提交需求申请时便设置了“预计归还日期”这个必填字段（见表4-3）。在资产使用到期前员工如未归还，则系统会给予多次提示，如到期后还未归还或者办理续借，则系统会锁定员工的需求申请权限等多项OA权限（各公司可根据本公司的实际情况设置），敦促员工早日归还或者办理续借。

三、资产转借

流程设计的精妙之处就在于极尽可能去提高效率，减少不必要的工作量。资产转借的流程设计就体现了这一点。资产直接由员工A转借至员工B的名下，避免了员工A将资产移交给资产管理员，再由资产管理员移交给员工B的烦琐，无论是OA办公系统流程上还是线下操作部分，都节省了大量时间。

第三节　资产采购与入库

当员工申请领用资产经部门负责人审批同意后，资产管理员查看库存里面是否有符合要求的资产，有则直接领用给员工，没有便需要采购了（与前面的资产归还的要素相辅相成，如员工借用及时归还，使资产使用循环速度加快，则需要新增采购的比例便减少）。采购完成的资产首先要入库记录再领用给员工，便于后续管理。

一、资产采购

如果公司内采购的资产类别较为复杂，分为多个部门负责采购，则设置采购申请表时首先需要明确区分并告知员工如何选择。

表 4–4　采购申请表

使用人名称		使用部门	
申请人名称		申请部门	
申请日期		资产用途	日常办公/研发……
预计金额		采购部门	研发采购/行政采购……
收货地址			
申请采购的资产信息			
资产名称		规格配置	
数量		期望收货日期	

注：资产管理员才有采购申请的权限。

采购申请相关信息填写完整后，进入审批流程即可。审批完成后，资产管理员需对采购的资产进行验收，确认符合需求后下达领用给员工。

二、资产入库

资产采购验收无误，需及时将资产信息录入资产库，生成资产卡片，便于后续管理。生成资产卡片，即将资产字段信息填写完整后保存，字段信息参考上述“资产卡片”（表4–2）。

第四节　资产盘点

进行资产盘点前必须先制定明确的资产盘点计划，明确盘点的范围、目标和实施方式，然后根据计划推进实施，并在过程中严格把控。下面以某上市科技公司的盘点为例为大家讲解。

一、制定盘点计划

对于大型项目性工作或者持续时间较久的工作，制定明确的计划会有助于推进事件有条不紊地进行。如果公司资产较多，涉及的人员较广，一定要制定明确的资产盘点计划，使相关人员知悉自己在什么时间段应该做什么。以一场涉及员工自盘、管理员复盘、持续时间较久的资产盘点举例说明，制定盘点计划如表4–5所示：

表4–5　××年度第×次资产盘点计划表

项　目	时　　间	内　　容	形成文件
盘点准备工作	×月×日—×月×日	1. 确认资产盘点模块流程无误 2. 总资产管理员发全员盘点通知及盘点动员邮件 3. 下级资产管理员准备盘点相关工作	1. 盘点通知 2. 盘点动员邮件
员工自盘开始	×月×日—×月×日	1. 总资产管理员发起员工自盘 2. 下级资产管理员盘点闲置资产 3. 员工盘点自己名下资产	1. 自盘邮件 2. 自盘操作说明
管理员复盘	×月×日—×月×日	下级资产管理员复盘本仓库资产	1. 复盘邮件 2. 复盘操作说明
异常信息整理及汇报	×月×日—×月×日	1. 确认资产异常原因 2. 更正异常资产信息 3. 丢失赔偿跟进	1. 异常信息汇总表及处理进度表 2. 盘亏确认邮件 3. 赔偿转账截图

续表

项 目	时 间	内 容	形成文件
各仓库盘点报告	×月×日—×月×日	下级资产管理员提交本仓库盘点报告给总资产管理员	各仓库盘点报告
总盘点报告	×月×日—×月×日	总资产管理员制作总盘点报告	总盘点报告

二、盘点实施

盘点实施需要有以下几点注意事项：

- 资产管理员在盘点时不仅要确认资产编码是否一致，同时要确保资产编码对应的资产是否和实际相符，是否有损坏等；
- 尽量不过多打扰员工，耽误员工上班，提前设置自盘的目的就是让员工提前将领用的资产准备好以备复盘，同时让员工清晰地了解自己领用资产的情况，避免复盘时员工花费大量时间去寻找、核对资产；
- 异常信息准确记录，复盘期间发现异常需要准确记录并当场询问员工原因，避免二次确认耽误更多时间。

三、异常处理

异常处理有两个要点：一是及时，二是究根。当发现问题时，不可拖延，一定要及时处理，否则后续流程可能会导致更多问题，同时也要确认清楚出现异常的原因是什么，是因为系统流程不畅还是管理员管理不当导致的，分析清楚之后解决根源问题，避免下次再发生。

如资产盘点过程中发现异常，必须及时督促各管理员处理完毕，避免遗留过久，累积更多问题。

四、异常分析

发现异常，及时解决是一方面，但也要分析异常出现的概率和原因，便于盘点后制定优化方案，并和下次盘点对比以确认方案是否有效，从而实现真正的改善和优化。下面从几个维度将资产盘点中可能遇到的问题举例给大家参考：

（一）未盘人员分析

表4–6　未盘人员分析表

部门	人数	未盘人数	未盘率	未盘原因
人力资源部	18	3	16.67%	出差期间，出差完毕已补盘
销售部	68	6	8.82%	出差期间，出差完毕已补盘
技术部	126	5	3.97%	出差期间，出差完毕已补盘
服务支撑部	387	125	32.3%	项目所在区域较偏远，无法进行盘点

说明：未盘原因主要是两点，一是员工出差无法盘点，二是项目特殊情况无法盘点。两种都是异地盘点引起的问题，我们要考虑如何让员工随时随地可以确认自己的资产情况，从而不受地点限制完成盘点，可根据各自公司的情况开发便捷的移动端盘点确认功能。

（二）资产异常率对比

表4–7　资产异常率对比表

盘点批次	盘点资产数量	资产异常数量	异常比例
2016年度盘点	12645	391	3.09%
2017年度盘点	10748	227	2.11%
2018年度盘点	12694	92	0.72%

说明：每次资产盘点的异常数量逐次变少，异常比例越来越低，证明每次盘点出现的问题得以解决，且日常维护效果越来越好；反之，如果盘点异常率越来越高，或者维持不变，则需要分析原因并解决。

第五节　资产出库

当资产对公司来说无使用价值或者需要赠与他人时，就需要进行资产出库处理，避免资产堆积在仓库占用办公场地资源以及增加日常管理工作量。资产出库的情况分为资产报废、资产售卖、资产赠与等情况。

表4–8　××公司资产出库申请表

申请人		申请人部门	
处置类型	报废/售卖/赠与	申请日期	
处置数量		处置金额	
单据原值		单据残值	
申请原因			
处置资产明细：			
资产1			
资产2			
资产管理员审核：		行政负责人审核：	

1.资产报废

当资产对公司和二手市场来说都无任何价值时，则对资产进行报废处理，处置金额为0元。

2.资产售卖

当资产对公司来说无使用价值但在二手市场可以进行售卖，可以给公司带来收益时，则对资产进行售卖处理。

3.资产赠与

当公司与其他公司、内部子公司或者个人之间产生赠与行为时，此时出库要记录资产赠与，处置金额为0元。

小贴士

对于大型公司来说，资产处理量较大或者下级资产管理员专业度较低，可由总资产管理员负责资产售卖处理，寻找优质供应商进行对接。

第六节　资产报表

制作资产分析报表的原因有二：一是帮助发现资产管理中出现的问题，二是更加便捷高效地向领导层呈现管理效果。基于此，制作报表一般分为两部分。下面基于资产管理中的报表跟大家分享一下。

一、巧用报表发现问题

作为资产管理者，真正和实物的接触是有限的，我们更多的时间都是在后台查看数据，那如何通过查看数据发现问题并及时处理呢？以下几个资产的分析图表或许能帮助你。

（一）日常管理过程中的资产数据透视图

作为总资产管理员，成千上万甚至几十万的资产是否按照要求入库？资产的状态是否正常？数据是否完善？不停地去各仓库查看实物是不可能的。通过数据鉴别可以帮我们解决大部分问题（此方法的前提是按照本章第一节所述对资产做好分类，要求资产管理员按照分类入库进行管理，并且资产的申请、归还、转借等是按照流程处理，这样才能发现资产异常）。

小贴士

查看资产分类是否有错误，如图4-1所示，在分类为笔记本电脑的类别下，发现了手机和空调，那极有可能是入库错误或者系统出现异常，则可以及时排查。

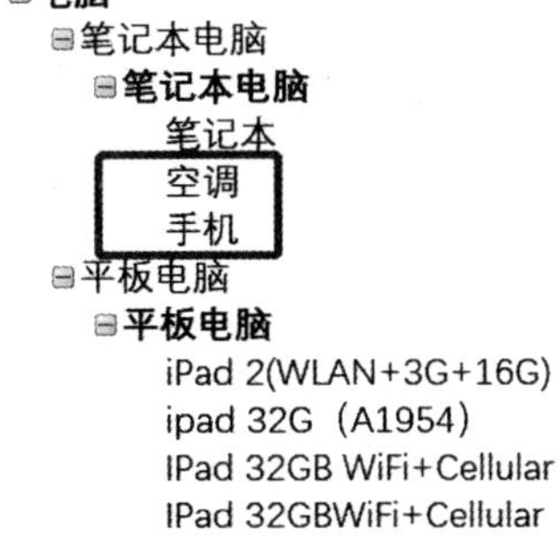

图4–1　日常管理过程中的资产数据透视图

同理，其他各种字段均可通过透视图去查看是否存在异常并及时解决。

（二）各类别资产数量及金额汇总表

如表4–9所示，对资产进行类别汇总后，可以明显看到资产的闲置数量过多，那就需要分析闲置原因，及时解决。如是同一样物品数量偏多且较新，则要避免过多采购，如是资产种类较多，范围较广，且使用时间较短，则需要分析资产使用的必要性，是否有其他可替代物品。

表4–9　各类别资产数量及金额汇总表

行标签	求和项：数量
处置中	899
归还中	14
使用中	4896
闲　置	10375
转借中	11
总　计	16195

二、报表汇报工作法

会工作，更要会向领导汇报工作，展现工作成果的重要性不言而喻。但是，作为资产管理者，如何向领导汇报工作成果呢？报表，无疑是最合适的一种方法。以下列举几种报表供大家参考。

（一）资产数量及资产值占比分析表

表4–10　资产数量及资产值占比分析表

类　别	数量（件）	资产原值（万元）	资产值占比	说明
办公家具	800	64	12%	
办公设备	932	93.2	17.48%	
电脑	500	300	56.26%	电脑占比较大
服务器	26	52	9.7%	
手机	86	24.08	4.5%	
合计	2344	533.28	—	

（二）资产利用率

表4-11 资产利用率

类别	利用率	说　明
办公家具	100%	办公桌椅全部坐满，已无闲置，如需再增加人员，则需考虑增加办公场地
办公设备	70%	属正常范围
电脑	50%	现在公司升级，新入职员工均采购新电脑，淘汰一大批老电脑需考虑处理
服务器	80%	属正常范围
手机	90%	属正常范围

第七节　资产管理制度

制度是公司的法律，如不制定完善的制度去约束员工，行政工作人员很难执行制定的规则流程，而公司资产涉及公司的实际利益，如涉及赔偿等财产纠纷，没有制度依托，会存在较大的风险，所以希望各位读者一定要重视制度的制定和执行。

以下是某上市科技公司的资产管理制度模板，供大家参考，大家可根据本公司的实际情况修改使用。

资产管理制度

文件编号		发布部门	行政部	版本	
密级		初次生效日期		最新修订日期	
起草人		审核人		审批人	

第一章　总　则

第一条　为规范公司资产管理，明确资产申购、借试用及损坏、丢失后的处理流程，也为提升员工的责任心及合理保护公司财物的意识，特制定此制度。

第二条 适用范围：全公司。

第二章 名词定义

第三条 规定中的“公司资产”是指笔记本电脑、手机、办公设备、办公家具、无形资产和其他归属于公司的各类硬件设备。

第四条 资产属性分为固定资产、低值耐用品、低值易耗品和无形资产。单位价值超过1000元（含）并且可以单独使用的设备或者手机、电脑、办公家具类的为固定资产；单位价值低于1000元大于100元，或者配件类资产为低值耐用品；单位价值低于（含）100元为低值易耗品；软件或者购买的权限等没有实物的属于无形资产。

第五条 本规定中的“当事员工”是指负责公司资产的携带、邮寄、递送、保存和使用的员工（以下简称员工）。

第六条 “不可抗力”包含以下内容：

1.生命第一！在生命和人身安全发生危险或威胁的场合，为保护生命和人身安全，需要放弃对公司资产的保护。

2.不可预见的火灾、水灾、地震等自然灾害。

3.不可抗拒和不可防备的抢劫、战争等事件。

第三章 各部门职责

第七条 公司资产由行政部、财务部、IT运维部、运营管理部、生产部、采购部等部门配合完成管理。

第八条 行政部职责：

1.公司资产管理制度的制定和修订。

2.负责公司低值耐用品和低值易耗品的采购。

3.负责公司资产管理的流程优化和各仓库资产管理的监督。

4.公司所有资产的分类设置、仓库设置等。

5.负责公共办公类资产的申请、转借、调拨、借用、发货等。

6.资产盘点工作的组织及报表制作。

第九条 财务部职责：

1.固定资产盘点的监督和跟进。

2.资产折旧方案的制定和折旧处理。

3.资产财务信息的维护。

4.财务周期的数据提取和实时分摊。

5.资产清理。

第十条 运营管理部职责：

1.协助资产管理部门完成资产管理系统的优化。

2.协助资产管理部门对资产管理系统进行推广。

3.协助资产管理部门维护资产信息。

第十一条 采购部职责：

1.负责公司固定资产和无形资产的采购。

2.负责把控采购资产质量及价格。

第十二条 生产部职责：

负责公司手机、自主研发类资产的资产状态、可用性的评估和鉴定。

第十三条 IT运维部职责：

负责公司电脑类资产的资产状态、可用性的评估和鉴定。

第十四条 各部门负责人职责：

1.部门负责人有监督本部门领用资产不被闲置浪费的职责。

2.部门负责人有审核本部门申请资产是否符合实际工作需求的职责。

3.部门负责人有在资产使用人发生岗位变动或其他特殊情况时，协调部门内人员对资产使用人名下的资产进行合理分配和安排的职责。

4.使用部门有配合资产管理部门完成盘点的职责。

5.使用部门需按照公司流程要求申请、续借、盘点及归还公司资产，对领取的资产负有保管和维护的职责。

第四章　资产管理员的职责

第十五条 总资产管理员的职责：

1.负责资产的整体流程管理与优化。

2.负责资产分类编制与新增。

3.负责采购申请的审核与调库的协调。

4.负责盘点计划的制定、推进实施与报表制作。

5.负责监测资产卡片的数据是否异常并处理解决。

6.负责资产管理员的培训与日常管理。

7.负责公司资产配置把控，避免闲置浪费。

8.负责新增仓库的建立与新入职资产管理员的指导。

第十六条　各仓库资产管理员的职责：

1.负责本仓库需求处理、资产验收、资产入库、转借、处置、归还等日常事务的受理。

2.按总资产管理员的要求对资产卡片信息进行修正与维护。

3.对本仓库资产配置进行把控，避免闲置浪费。

4.按照总资产管理员发出的盘点计划和要求，按时完成盘点并提交盘点报告，并在总资产管理员抽盘时给予协助。

5.负责本仓库闲置资产的保管。

6.其他与资产管理相关的事项。

第五章　资产使用人职责

1.对领用、借用资产负有保护、保管职责。

2.对外借给客户的资产负有跟踪保管的职责。

3.配合资产管理员盘点。

第六章　资产的生命周期管理

第十七条　资产申请

1.资产需求申请流程

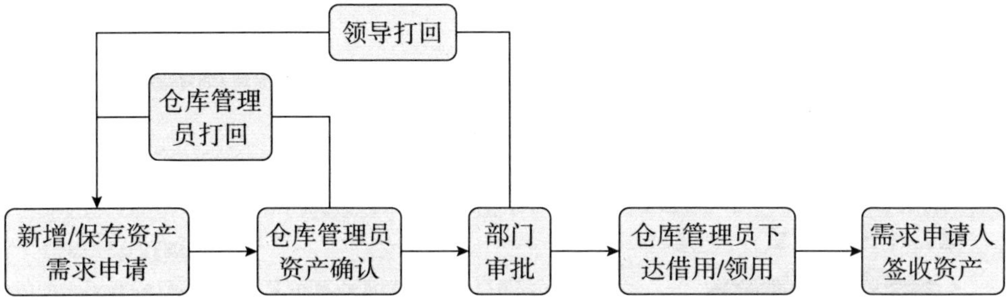

图4-2 资产需求申请流程

2.需求申请审批流程

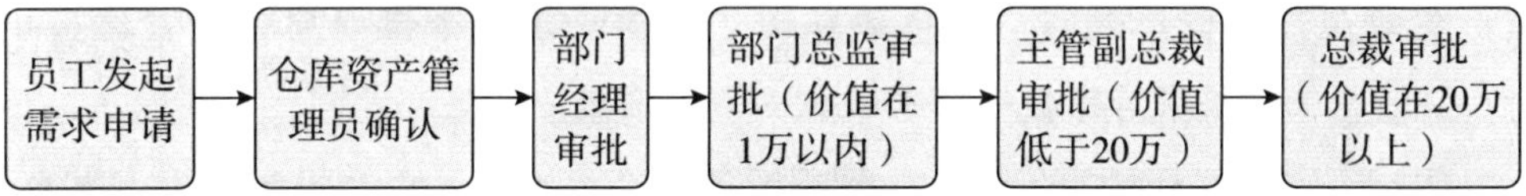

图4-3 需求申请审批流程

第十八条 资产续借

如员工借用资产快到归还时间，但仍想继续使用，需通过OA资产续借程序，审批完成后方可继续使用。

第十九条 资产转借

资产使用过程中，因需要将资产转给公司另一员工（接收人）使用，必须通过OA资产转借流程，资产持有者（借出人）在OA发起资产转借，接收人收到资产并在OA确认接收即视为领用；如借出人未通过OA流程直接将资产交给接收人，当资产出现异常，责任人依然是借出人。

第二十条 资产归还

借出资产在使用到期或者离职时，员工需通过OA申请归还资产。

注：资产申请、续借、转借、归还操作流程及注意事项请参考附件《OA固定资产模块操作手册》。

第二十一条 资产借用功能冻结

如员工借用资产到期，未在到期7天内通过OA对资产进行归还或转（续）借，则会对员工的OA资产申请权限进行冻结，不能再申请资产，直到对到期设备进行归还或转（续）借，才能解冻。

第二十二条　资产采购

公司资产由采购部、行政部、各办事处资产管理员共同完成采购。

1.公司固定资产和无形资产，由采购部进行采购。

2.公司低值耐用品和低值易耗品，由行政部进行采购。

第二十三条　资产处置

1.资产处置报废流程

资产管理员将初步判定达到报废的资产录入《资产报废鉴定审批表》—鉴定部门鉴定—鉴定达到报废标准（如鉴定未达到报废标准，则返回仓库）—资产管理员发起资产处置—财务确认资产净值—领导审批—总资产管理员审批—总资产管理员领导审批—财务收款—资产清理。

注：经资产管理员初步确认达到报废的资产可录入《资产报废鉴定审批表》并将鉴定表和资产一起交到相应的鉴定部门，经鉴定人鉴定并由鉴定部门负责人确认报废的资产才可进入OA资产报废申请流程。鉴定部门鉴定完毕后通知申请人领取鉴定表及报废资产，申请人进入OA发起资产报废申请，并将《资产报废鉴定审批表》扫描上传，然后进入相应审批流进行审批，审批流至总资产管理员处后，总资产管理员联系二手回收商进行报价（限总部资产报废流程处理，异地资产报废二手回收商由当地资产管理员自行联系），经至少3家报价对比后，将对比价格以邮件告知资产管理员，如无异议按照最高价进行售卖，并将报价表和处置金额上传至处置流程中，确认通过，资产管理员继续跟进资产处置流程，直至处置流程完成。

2.资产处置遗失流程

资产管理员跟员工确认资产遗失—员工将费用转至公司账户或采购同样的资产赔偿—资产管理员发起资产处置遗失流程—财务确认—资产管理员领导审批—总资产管理员确认—总资产管理员领导审批—财务确认收款—卡片清理。

注：资产管理员必须先跟员工确认资产遗失，员工赔偿后方可在系统上做归还并进行资产处置流程。

3.资产报废鉴定部门

- 办公电脑类：IT运维部。

- 手机、自主研发类：生产部。
- 其他：各仓库管理员。

目前资产鉴定暂分以上3个类别，后续如有增减将在《资产报废鉴定审批表》实时更新，以《资产报废鉴定审批表》上的为准。

由以上部门负责人指派相应人员作为鉴定人员。鉴定部门应该在收到各仓库提出的鉴定申请并收到鉴定物品5个工作日内完成鉴定报告，并通知各仓库人员前来领取。

第七章 资产损坏、丢失赔偿

员工因携带、邮寄、递送、保存或使用不当造成公司资产不必要的损坏或丢失，当事人必须在第一时间向部门总监和资产管理员以邮件形式汇报，并按照如下方式进行赔偿。

第二十四条 公司资产损坏

如因如下操作导致资产损坏，由员工负责赔偿全部维修费用，如故意损坏到不可修复则按丢失资产进行赔偿。

1. 不按技术操作规程而违章操作造成资产损坏者。
2. 未经批准擅自拆改资产造成损坏者。
3. 不了解仪器设备性能，擅自操作使用者。
4. 管理人员不负责任，保管不善造成损坏者。

第二十五条 办公资产遗失

资产遗失无论折旧程度需根据资产采购原值进行赔偿或者购买同样的资产赔偿（如市面上有同品牌同配置的，必须赔偿同品牌同配置的，如没有，则采购同类品牌同等或高于原配置的），新旧程度不得比遗失资产旧，可同等或比遗失资产新。

特别说明：办公电脑、硬盘等存有公司资料的资产，除非产生第二十六条的情况，否则必须将资产归还给公司，如果因个人保管不善遗失，不允许购买同样的资产赔偿，需按照资产购买原值的2倍赔偿。

第二十六条 因不可抗力造成资产丢失或损坏

如因不可抗力造成资产丢失或损坏，凭借相关政府部门评定报告或公安局报案备案，并报副总经理审批，可减免赔偿；对于有可能追回赔偿或资产的情况，员工应积极跟进事件进程，及时将追回的资产或赔偿金额返还给公司。

特别说明：如因个人保管不善，如随意将资产放在容易遗失的地方、出门未锁门窃贼进入等，需要按照正常资产遗失赔偿标准赔偿。

第二十七条 丢失或损坏不报

资产丢失或损坏不报，经资产管理员盘点或总资产管理员抽盘发现，经查属实，无论是何种原因导致遗失，均按照个人原因遗失标准进行赔偿，同时进行全公司通报。

第二十八条 赔偿方式

员工应在收到资产管理员发出的确认赔偿说明邮件后5个工作日内将赔偿款打入公司账户或购买同等设备与资产管理员确认赔偿，否则公司有权从员工工资（含基本工资、绩效工资、补贴、奖金等）内扣除，如员工离职且离职工资不够赔偿，其直属领导负有协助追回赔偿款的义务，追讨无果的情况下，公司将通过法律途径解决。

第八章 资产盘点

第二十九条 盘点时间

每年第二季度和第四季度分别组织一次全员盘点。

第三十条 盘点流程

行政组发起盘点计划—员工初盘—各仓库管理员进行复盘—总资产管理员进行抽盘—总资产管理员收集整理盘点信息并制作报表/各仓库管理员修正本仓库异常信息—盘点反馈。

第三十一条 盘点要求

1.自盘

发出盘点计划一周内，各部门员工需按照盘点时间要求完成自盘，并将放在异地的资产暂时收回待资产管理员复盘，如因工作特殊性不能拿回资产，需联系合作伙伴拍摄含有手机或者相机自带的时间标记的照片（照片需要拍摄清楚资产全貌、机身码、资产编号，并将照片按照使用人+资产编号的方式命名），自盘完成后需在OA进行盘点确认，待复盘时将照片发给资产管理员复盘。

2.复盘

自盘完成后，各资产管理员对本仓库资产进行复盘。复盘必须见到实物并确认账实相符，对于异地不能拿到的资产，资产领用人需协助资产管理员联系合作伙伴进行视频盘点或提供照片或到现场盘点并提供资产放在合作伙伴处的申请备案供资产管理员查阅，不能进行视频盘点或按要求提供照片的则视为丢失，对于没有申请备案的需在3个工作日内补回申请备案或者将资产收回。

3.总资产管理员抽盘

复盘结束后，总资产管理员会对2–5个仓库（或项目组）进行抽盘。

4.离职盘点

如资产管理员离职，需在离职前配合交接人进行本仓库资产盘点，交接人确认资产无误接收资产需在交接表上签字确认。并将交接表交给总资产管理员进行备案；如交接人未入职，则由其直属领导进行交接盘点，并签字确认，至新资产管理员入职后交接给新资产管理员。

第九章　附　则

第三十二条　本制度由本公司行政部负责解释，并根据实施情况出台补充规定，补充规定与本制度具有同等效力。

第三十三条　本制度自发布之日起开始实施。

第三十四条　附件

附件:《固定资产模块操作手册》(略)。

拓展延伸

基于RFID的资产管理系统

前面的章节给大家介绍了资产管理较为通用的系统流程的设计，下面就为大家介绍一下“基于RFID的资产管理系统”，其实并未做太大的改变，只是在资产盘点模块做了一些调整及增加了后台监测功能。

常规的资产信息标记方案是使用条形码，这种条形码在扫描后能将信息展现出来并与系统信息配对以此来核对信息，在最初使用的时候已经算是比较大的一种进步，所以很多公司使用后就不再考虑替代产品。但是如果公司的资产量比较大（如：有几万甚至几十万的资产数量），逐一去扫描条形码盘点所带来的工作量就会非常大，而且公司如果有一些重要资产，研发人员是否将重要资产带出公司产生泄密等，条形码都不能解决。

RFID芯片的出现，让资产管理及盘点有了更好的解决方案，它可以在一定距离范围内批量识别，大大地提高了资产识别效率，并且可以定位资产所在位置，通过监控可以避免重要资产遗失和机密泄露风险。但是RFID芯片最开始的售价并不便宜，此时如果将公司的条形码全部换成RFID芯片，会给公司带来很大一笔成本，相较人工成本可能更高，所以并不适合实施（提高效率的前提是并未给公司增加太多成本，以大幅增加成本为前提的效率提高，都是不可取的）。随着技术的发展及生产效率的提高，RFID芯片的价格也在逐步地降低，经过测算，综合人工成本和材料及开发成本后达到平衡甚至更低时，我们就可以着手引入基于RFID技术的资产管理系统。以某科技公司为例，使用条形码时一次全面资产盘点（资产数量几万件）大概需要三个月的时间，而引入RFID资产盘点系统后，一次全面资产盘点的时间可以控制在一周内，大大地提高了资产盘点效率；同时研发重要资产的监控也变得简单了，提升了员工与公司之间的信任感。

RFID资产管理系统工作原理如下。

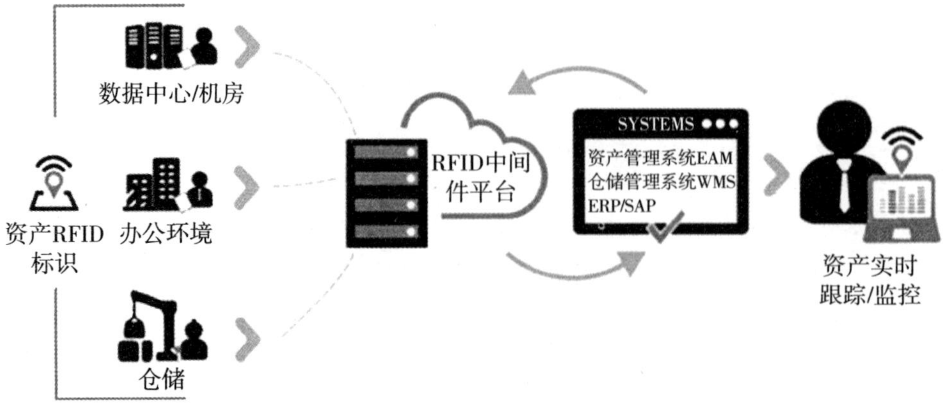

图4–4　RFID资产管理系统工作原理

RFID资产管理系统平台模块说明如下。

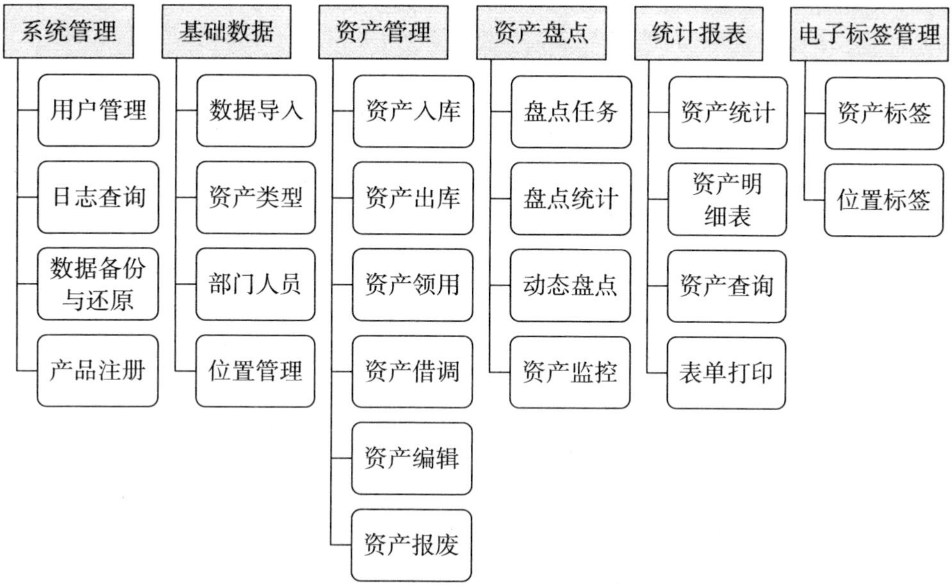

图4–5 RFID资产管理系统平台模块说明

在做RFID资产管理系统改造时，可以选择市面上整套完整的基于RFID的资产管理系统，但如果本身OA办公系统上已有比较完整的资产管理系统，可仅考虑改善资产盘点模块，将条形码更换为RFID标签，如需定位，再增加定位功能即可。

第五章　档案管理

档案用一句话来简单概括，就是用来记录企业的技术成果、管理经验及日常经营过程中必须要留存的相关资料，这些资料是公司发展的基石，如果不进行合理的管理，导致技术外泄、重要合同遗失等，会给公司造成较大损失，甚至是法律风险。而企业在管理过程中，往往是明白道理，但是真正执行起来却很难，而高效且保证安全的执行更难。所以这一章就是和大家一起探讨如何高效、安全地管理公司档案。

在信息化普及的今天，大部分企业基本依靠线上系统管理档案，但是也存在小部分处于起步阶段的企业还没有能力或者还没找到适合自己的线上管理系统，所以我们跟大家分享的时候会以线上管理的方法为主，但是对于线下管理也有一定的参考性，如果线下管理按照该思路进行，虽然比线上多花费了一点人工，但是也能保证档案管理的规范性和安全性，且对日后上线信息化管理系统也有较好的衔接。

第一节　档案管理的基础功能设置

档案的基础功能设置是整个档案管理的基石，基础功能设置得清晰合理，才能为高效、安全的档案管理打下基础。

一、档案分类

表5-1　档案分类

序号	分类名称	分类代号	序号	分类名称	分类代号
1	制度公告类	A	6	人力资源类	F
2	公共事务类	B	7	行政类	G

续表

序号	分类名称	分类代号	序号	分类名称	分类代号
3	证券类	C	8	技术管理类	H
4	财务类	D	9	运营管理类	I
5	审计类	E	10	人事档案类	J

注：以上档案分类仅供参考，读者可根据公司实际情况设置，并在管理过程中调整，但是作为管理部门，必须统筹管理，统一制定规则，避免员工随意设置分类造成混乱。

二、管理流程

表5-2　管理流程

流　　程	责任人/部门	输　　入	输　　出
收集文件资料	全员		
鉴定归档	档案管理员	收集的文件材料清单	归档清单
移交	全员	属于归档范围的材料	分类、编目有序的档案
整理	档案管理员	收集归档的材料	档案
保管	档案管理员	整理后的档案	上架后安全、有序保管的档案
统计	档案管理员	馆藏的各类档案	档案统计报表
利用	所有权限用户	档案借阅申请	档案借阅利用
销毁鉴定	档案管理员	保管期限届满的档案	有/无保存价值的档案
销毁	档案管理员	无保存价值的档案	档案销毁清册

三、保管期限

保管期限分为5年、10年、15年、30年和永久五种。

说明：对于保管期限的设定，主要根据国家相关要求确定，如国家税务局对凭证的保存时间要求是15年，房产证是长期有效，再比如有些合同到期后为方便追溯，再保存5年即可，在满足国家保管要求和规避公司风险的前提下，平衡档案室容量后确定。

四、密级

- **绝密：**是公司发展经营中直接影响公司权益和利益的重要决策文件资料，是最重要的公司秘密，平时仅有负责部门员工或部分高层领导因工作查阅，泄露会使公司的利益遭受特别严重的损害。
- **秘密：**是公司发展经营中产生的重要秘密，部分员工会因工作查阅、借阅，泄露会使公司的利益受到较大的损害。
- **普通：**是指对公司经营有保存价值且需要公司大部分员工经常查阅或可以学习参考的资料，如果外借使用不当有可能对公司利益造成一定的损害。

五、档号组成规则如下

001	01	01	01	001	001
公司代号	一级分类代号	二级分类代号	三级分类代号	档案盒顺序号	盒内顺序号

六、档案标签

（一）档案背脊

档案背脊应包括：公司名称、类别、档案盒题名、盒号。例如：

表5-3 档案背脊内容

公司LOGO
公司名称
××科技有限公司
类别
B公共事务类
档案盒题名
公司证照
盒号
001

（二）盒内文件目录

盒内文件目录应包括：档号、文件题名、文件时间、文件编号、备注。例如：

表5-4 盒内文件目录

档 号	文件题名	文件时间	文件编号	备注
YH-B-01-01-001-001	营业执照正本	20170523	001	
YH-B-01-01-001-002	营业执照副本	20170523	002	
……				
……				
……				

第二节 档案归档

现在的档案分为电子档案和实物体档案两种，但是无论是电子档案还是实体档案，归档都必须遵循第一节的档案管理的基础功能设置，才能做到清晰有序，方便日后查找。

一、电子文档归档要求

1.归档的电子文档必须整理清晰，内容逻辑合理；

2. 归档的扫描件类电子文档，必须扫描原件彩色文档，且文号命名和纸质原件需统一。

二、实物文件归档要求

1. 归档的实物文件材料必须是原件且要完整、系统、准确，原件用于报批不能归档或上交政府部门保留的，必须向档案室提交清晰的复印件或扫描件，并加以说明；
2. 归档文件必须经过系统的分类整理，保持文件材料之间的有机联系，组合合理，装订规范，编号准确；
3. 档案管理员必须建立各类档案归档文件目录、移交目录，并定期进行检查、校对，对字迹褪变、损坏的档案，应及时进行修补和复制；
4. 公司人员变动工作时，必须在工作变动前将属于归档范围的文件材料移交到档案室。

三、其他要求

1. 任何部门或个人不得拒绝公司档案资料的归档要求，个人无权保存公司档案或据为己有；
2. 各部门档案员需按照《档案分类表》中的分类对档案进行管理，档案中心负责监管；
3. 对于时间跨度较长的项目资料，应该在项目完结时归档，对于在项目过程中产生的绝密档案资料应立即归档，与单个项目、业务或事项相关的要素应组合成一个文档，建立清单目录，经部门领导审批，确认完整齐备、准确无误后再归档，如资金申报项目、工程基建项目、招标投标项目等。

第三节　档案保管

档案的保管依然分为电子档案保管和实体档案保管，载体不同，所以保管的注意事项略有差异，但是最终目的都是保证档案的安全。

一、电子档案的保管

（一）服务器

一般使用OA办公系统的公司，服务器都是自己部署，相对比较安全，对于单独购买档案管理系统的公司，最好同样使用自己的服务器，避免资料被他人复制或者攻击盗取。

（二）电脑

档案管理系统管理员账号所用的电脑必须设置密码，且应由技术人员安装防病毒软件，日常管理过程中，该电脑也不可随意安装软件或点击非工作网页，以防病毒入侵。档案管理员离开座位时必须锁定电脑。

二、实体档案的管理

实体档案大部分以纸质档案为主，纸易潮湿和损坏，而有些档案的管理年限又比较长，所以最好有特定的空间存放，即设置专门的档案室。

（一）档案室（库房）的建设要求

- 档案库房门窗既要便于通风，又要便于密闭，门应具备防火防盗功能，密封性能好；窗户设纱窗。
- 档案库房要避阳光直射，窗户要安装防光窗帘，避免阳光直射档案。
- 档案库房墙体要求光洁、平整、不易生尘、坚固耐久，具有隔热、防潮、防尘、防火功能。
- 库房的电源开关应设于库房外，并应设有防止漏电的安全保护装置，上下水立管不应安装在与档案库相邻的内墙上。
- 防火：档案库房应配备消防器材，采用气体或干粉型，并定期检查更换。

（二）档案室常规设备清单

表5–5 档案室常规设备清单

序号	设备名称
1	抽湿机
2	空调
3	灭火器
4	温湿度记录仪
5	整理桌

（三）日常保管

- 定期打扫卫生，避免长期集尘。
- 定期查看档案室内温湿度，避免潮湿或者温度过高，档案损毁。
- 定期检查归档档案，对字迹褪变、损坏的档案，应及时进行修补和复制。
- 未经允许，非档案管理人员严禁进入。

第四节 档案借阅与归还

档案借阅必须进行借阅登记，对于保密程度较高的档案，必须经相关部门负责人审批后方可借阅，并留意借阅出的档案不被恶意外泄或者遗失。

表5–6 ××公司档案借阅登记申请表

借阅人		所属部门		是否借档出差	是/否	
用途：						
档案题名	档号	电子档密级	纸质档密级	借阅类型	借阅天数	归还时间
……				借用原件/复印原件/查看原件/查看电子件/打印电子件/下载电子件/领用不归还		
……						
……						
审批人：			审批时间：		档案管理员：	

注意事项：

1.对于原件类需要归还的档案，需要及时查看是否按时归还；

2.查看电子件，一定要给有水印的，避免恶意传播无处可查。

第五节　档案销毁

档案管理员应定期查看档案列表，对到期档案及时进行销毁鉴定，鉴定完毕后，对需要销毁的档案进行销毁，并做档案销毁记录。

表5–7　××公司档案销毁记录表

档案题名	档号	销毁时间	销毁人

第六节　档案管理制度

档案管理制度

文件编号		发布部门	行政部	版本	
密级		初次生效日期		最新修订日期	
起草人		审核人		审批人	

第一章　总　则

第一条　目的为规范公司的档案管理，实现档案管理的程序化、规范化，保证档案的完整性和安全性，更好地为公司经营管理提供服务，特制定本制度。

第二条 适用范围为全公司。

第二章 名词定义

第三条 制度中的“档案”是指公司在经营活动中形成的具有保存价值的各种门类和载体的档案材料总称，包括但不限于纸质档案、电子档案、证书、奖杯、奖牌等，电子档案包括但不限于Word、Excel、PPT、PDF、视频、音频、图片等多媒体文件。

第四条 制度中的“密级”是指根据档案的保密程度和重要程度设定的保密等级。档案密级分为“秘密”“机密”“绝密”三个等级。

第三章 各部门职责

第五条 档案管理部门职责

1. 档案管理制度的制定和修订；
2. 建立公司档案管理系统，负责档案管理系统的维护和管理；
3. 负责对各职能部门、业务部门档案管理工作进行指导和监督；
4. 负责对各职能部门、业务部门档案管理员指导与培训；
5. 负责档案室的建设及维修管理工作。

第六条 各职能部门、业务部门职责

1. 负责本部门的档案管理工作，对本部门产生的档案有归档、保管的职责；
2. 负责本部门的档案借阅审批工作；
3. 任命档案管理员管理本部门档案；
4. 负责其他与本部门档案管理相关的事项。

第四章 档案管理员的职责

第七条 总档案管理员的职责

1. 负责档案管理的整体把控与指导；
2. 负责各部门档案管理员的指导和培训；
3. 负责档案管理系统功能维护与设置。

第八条 各部门档案管理员职责

1.负责本部门档案的鉴定、收集整理、保管、利用、销毁、安全、保密等档案基础业务工作；

2.执行公司档案管理工作的各项规章制度；

3.执行公司下达的其他与档案管理相关的工作。

第五章 档案使用人职责

1.档案借用、领用人对公司档案有保管、保密职责，不能丢失、损坏或者泄露给公司内没有查看权限或者公司以外的人员、机构；

2.档案借用人对借用档案有按时归还的职责；

3.档案借用、领用人需严格按照公司要求使用档案，不得超出公司要求的范围。

第六章 档案借阅

第九条 档案借阅流程

进入档案管理系统——搜索需要借阅的档案——加入借阅车/立即借阅——填写借阅申请信息——进入审批流程——审批完成后直接查阅电子文件或者到相应档案室领取纸质档案。

注：档案借阅相关操作详情请参考附件《档案管理系统使用手册》。

第十条 借阅审批流程

表5–8 借阅审批流程

序号	密级	借阅类型	审批流程		
			借阅人发起申请	借阅人所属部门审批	档案保管部门审批
1	秘密	电子档	不需要	不需要	不需要
2		纸质档	需要	经理级	不需要
3	机密	电子档	需要	经理级	经理级
4		纸质档	需要	经理级	经理级
5	绝密	电子档	需要	经理级+总监级	总监级
6		纸质档	需要	经理级+总监级	总监级

第十一条 借阅要求

1.档案借阅需严格按照档案系统借阅流程操作，不可擅自进入档案室翻阅档案。首先需在档案管理系统进行借阅登记，由相关领导审核及档案管理员确认后方可查看或领取借阅的档案。

2.借阅者不得拆散档案或撕掉其中页面，不得在文件上画线、打圈或涂改，查阅档案资料时未经允许不得对其进行复制和保存复印件。

3.档案原则上不得外借，如因工作需要外借的，借出期间，借阅者不得随意公开档案资料的内容，泄露公司机密，不得擅自转借他人，借阅者应对档案的安全、完整、保密负完全责任，阅后需及时归还档案，档案如有丢失、损坏或泄密，一经发现追究当事人责任。

4.调离本单位的员工，必须归还借阅的档案文件后方可办理调离手续。

第七章 附 则

第十二条 本制度由××公司行政部负责解释，并根据实施情况出台补充规定，补充规定与本制度具有同等效力。

第十三条 本制度自发布之日起开始实施。

第十四条 附件

附件:《档案管理系统使用手册》(略)。

拓展延伸

证照管理

企业证照是指公司的营业执照、资质荣誉类证书、发明专利类证书、土地证、房产证等由政府职能部门核发的有效证件，任何证照的丢失或者损坏都需要补办，在补办完成之前可能会给企业带来一定的损失和麻烦，所以相比普通纸质档案，证照对原件的保存要求更高，借阅审核更加严格。

1.证照的分类

企业证照包括基础证照和专业证照。

①基础证照是企业自设立至终止过程中根据国家相关法律、法规规定，各环节合法完成的一种法定标识。如企业的营业执照、税务登记证、银行开户许可证等公司开业运营必须具备的证照。

②专业证照是指公司在经营中取得的专业类证照。如通信业的资质证书、安全生产许可证、质量管理体系认证证书、环境管理体系认证证书、信息安全管理体系认证证书、发明专利证书等。

2.证照的办理

①三证合一（营业执照、组织机构代码证、税务登记证）及专业证照由行政部负责统筹办理，银行开户许可证等财务类证照由财务部负责统筹办理。

②企业证照按照国家法律法规的规定，在规定期限内办理好年检和续办手续，一般由行政部负责办理，但财务类证照的年检和续办手续由财务部负责办理。

3.证照的保管

①由行政部负责证照的登记、备案和保管工作，除按照规定必须悬挂的以外，其他证照应当在公司办公区域内加锁保存或放入公司档案室保存，同时每个证照可以保留三份以上的复印件及电子扫描件。

②因证照的保存期限较其他档案较久，所以证照的存放应确保安全可靠，无论是在档案室保管还是借阅途中都需要用防潮防折的包装袋包起来，避免潮湿、虫蚁啃咬、折损等。

4.证照借阅管理要求

①企业证照原件借用必须由公司总经理审批同意后方可借阅，且应按时归还，如不能按时归还，同样需经总经理同意后方可续借。

②企业证照需妥善保存，不能遗失、损坏，如果遗失或损坏，需及时向行政部汇报，由行政部进行挂失后及时补办。

③使用企业证照复印件时，必须加盖“本复印件仅供用于……”字样，并用中性签字笔写上用途。

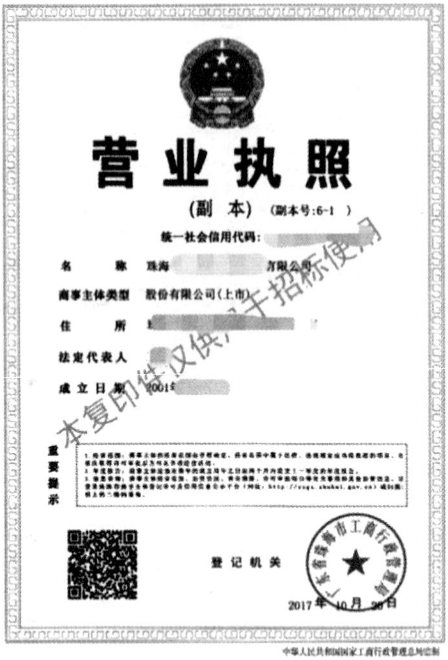
营业执照

(副本) (副本号:6-1)

统一社会信用代码:

名　　称　珠海

商事主体类型　股份有限公司(上市)

住　　所

法定代表人

成立日期　2001年

重要提示

登记机关

2017年10月

中华人民共和国国家工商行政管理总局监制

图5-1　营业执照

④不得擅自使用企业证照进行各种担保，证照保管人和公司印章保管人应分开。

⑤不得利用企业证照从事违法活动，发现有利用企业证照从事违法、违规活动者，需按照公司相关制度追究责任，后果严重者追究法律责任。

5.证照的遗失及销毁处理

①如证照遗失，需立马通知行政部证照管理人员。行政部以最快的速度办理遗失声明，并重新补办证照。证照遗失的，由遗失人承担全部责任及补办所发生的费用。

②如证照到期需继续使用，需在到期前一个月到相关部门提交续办申请，以便在证照到期前完成续办。如证照到期无使用价值，确认证照无需保存后，提交证照销毁申请，审批通过并在行政部备案说明后，对证照进行销毁。

第六章　会议及接待管理

会议是每个公司所必不可少的，只要产生2人以上的交流，就可以归类为会议，通过会议可以解决问题、激发灵感、提高工作效率。那作为会议场所和媒介的管理部门，如何用合理的成本给员工提供合理、舒适的会议场所和简单便捷的预订方式及媒介，是行政管理者需要重点思考的问题。

第一节　企业常见会议类型

会议的种类很多，而且从不同的角度来看，同一个会议可以分为不同的种类。每类会议都有其各自的特点和会议需求，了解和掌握会议的类型，可以更好地认识和组织会议，更充分地发挥会议的作用。

企业内常有的会议有董事会、总经理办公会、企业年会、部门例会、培训会议、表彰会议、交流会、座谈会、研讨会、头脑风暴会议等。从日常管理便利的角度考虑，可以把企业会议分为三类：日常会议、接待会议、大型会议。

- **日常会议：**企业内部的工作例会、研讨会、交流会、培训会议、头脑风暴会议等，正式程度相对较低，随时相约即可开始。
- **接待会议：**即有客户来访时接待客户准备的会议，一般是业务考察或者签约会议，需要细致周到的会前准备，给来访者营造舒适的会议氛围。
- **大型会议：**大型会议包括行业交流会、大型庆典会、企业年会等，参与会议人员较多，形式变化种类较多，每次产生的费用较高。

会议的形式多变，不同的会议可能根据参与人数的多少和规格要求的高低更改类别，作为行政工作人员应灵活应对，分类只是为了更好地为公司解决会议需求，不要过分拘泥于形式。

第二节　日常会议管理

日常会议主要是各部门及员工间的沟通交流，根据地域情况，会议方式分为常规的面对面沟通和线上会议，正式程度相对较低，关注核心是“便利”。如果预约使用会议室，可以快速便捷地预约；如果使用线上会议，操作方法简单易记。

一、会议室设计

会议室是每一家企业尤为重要的组成部分，在这里，老板指点江山畅想未来，员工绞尽脑汁出谋划策，那些关乎企业兴衰的决定，都是在这里敲定。在建设或者租赁办公楼时，我们需要考虑会议室的设计，包括会议室的数量、每个会议室的大小和风格等。如果来访客户较多，则一定要预留一间较大的会议室用于接待来访客户，装修风格根据企业格调与文化进行设计，需宽敞、正式，不可太过花哨，且需要配备较好的演示讲解设备。如果公司业务性质需要员工进行较多的讨论和沟通，则需要预留较多的会议室，如果公司业务性质不需要员工进行太多的交流，则预留少量的会议室即可。比如互联网企业，需要小组成员经常沟通交流，则需要预留多个会议室，活泼时尚的装修风格，利于激发员工的灵感。比如传统生产制造企业，只是定期多人开业务讨论会，则可预留少量稍大点的会议室，装修风格大方简洁即可。

二、会议室预定

会议室设计完成之后，对于大中型企业来说，如何提供一个简单的会议室预定方式，避免员工之间因为会议冲突耽误工作是需要不断去探索的。

随着线上办公的日益普及，传统的人工登记预定方式不再提倡使用，现在有非常多的线上会议室预定系统可供选择，我们要做的是选择一个适合自己企业的系统，具体可以参考以下原则：

- 登录便利，如果能和内部沟通软件或者OA办公系统集成，尽量选择集成系统，避免员工需要登录多套系统，否则很难推广；

- 适用于本公司的实际情况，根据公司发展阶段适时推出，不要为了上系统而上系统；
- 不要确认一套系统后就万事大吉，技术在不断进步，行政从业者如果不想被淘汰，就要不断地关注最新的技术发展，不断寻求更便捷的方式。

以某上市科技公司为例，在公司成立初期，会议室预留的较多，基本不存在会议室不够用、争抢会议室的情况，员工想要开会到会议区总能找到闲置的会议室，所以只需要在会议室门口放置“会议中”和“闲置”的牌子即可，避免开会中的人员被打扰。随着公司不断地壮大和人员不断地增多，会议室的比例逐渐偏少，但是因办公空间受限并不能立马增加会议室，则需要衡量员工的会议室预定使用需求，经过考察了解，最终选择了该公司内部使用的沟通软件钉钉的内置应用“智能会议室”，员工无需额外登录其他系统，只需花费1分钟不到的时间在上面提前预定即可，且可以线上一键通知开会人员预定信息，还有会议记录等其他功能，让员工开会更方便高效。

三、电话会议系统

电话会议系统解决方案能够为企业带来很多好处和便利，不仅体现了三省（省时、省力、省心）和即时性，而且为提高企业运营效率和促进沟通更快捷奠定了基础。电话会议系统使用方法和注意事项如下：

- 开通会议专用号码通道。会议专用号码包括会议呼入号码、会议号、会议密码，这是通知各个参会人入会的方式方法。
- 每个地方的参会人都应该配备电话会议专用终端，也可以使用带屏蔽本地声音功能的固话和手机，但没有终端的效果好。
- 熟悉终端的操作。各个地方都要会操作电话会议终端，以免延误会议，降低效率。
- 会议终端要提前半小时接入进行调试。确保会议终端可以正常使用，保证会议的正常召开。
- 会议中，没有发言的地方，将本地声音静音。有发言时，关闭静音键。发言结束，再次将本地声音静音，以免影响会议。

- 会议结束后，关闭电话会议终端，妥善保管。电话会议基本就召开完成，操作非常简单，但十分实用。

四、网络会议系统

网络会议系统是个以网络为媒介的多媒体会议平台，使用者可突破时间、地域的限制，通过互联网实现面对面般的交流效果。网络会议系统采用先进的音视频编解码技术，保证清晰的语音和视频效果；强大的数据共享功能更是为用户提供了电子白板、网页同步、程序共享、演讲稿同步、虚拟打印、文件传输等丰富的会议辅助功能，能够全面满足远程视频会议、资料共享、协同工作、异地商务以及远程培训等各种需求，从而为用户提供高效、快捷的沟通新途径，有效降低公司的运营成本，提高企业的运作效率。

对于异地办公人员较少，平时异地开会较少的企业来说，使用市面上免费的网络会议应用即可，如钉钉的视频会议或者QQ的分享屏幕，简单便捷。如果是大型集团公司，在全国各地有较多分公司，需要较频繁地开会，且对开会质量要求较高，则建议购买网络会议专线，保证通话质量和画面传输效果，如Webex是提供专业视频、电话会议服务的供应商，移动、联通、电信等三大运营商也有视频、电话会议业务，可根据公司需求了解后订购。

第三节　接待会议管理

日常会议面对的群体主要是公司内部员工，接待会议面对的主要是外部客户或政府部门领导，涉及的不仅是简单的会议室准备，还需要考虑接机、餐食、拍照、宣传报道等一系列工作，那就需要提前了解接待会议的必要信息，以便做好充分的会前准备，给来访者营造舒适热情的氛围及良好的体验。对于接待会议较多的公司，行政部门应该牵头制定《公司访客接待工作标准》，以便规划来访接待程序，提高来访接待水平。

一、会前注意事项

- 为了减少沟通成本和提高工作效率，我们可以让接待会议申请者填写事先设计好的标准化模板（见表6–1），以便提前了解接待会议的必要信息，做好充分的会前准备；

- 尽量在客户到达前半个小时将一切准备妥当，避免客户提前到来或者有意外情况出现；
- 会议当天提前一个小时确认投影仪、话筒、演示电脑、翻页笔、门口欢迎词显示屏、展厅电子设备等可正常使用；
- 会议当天提前一个小时摆放好名签、记录用的纸和笔、瓶装饮用水等，并检查会议室卫生，确保桌椅摆放整齐、干净；
- 会议当天提前20分钟开启会议室空调，提前制热/制冷，提高客户进入会议室的舒适度；
- 有些物品需要提前一天准备，比如水果、茶叶、礼品的采购等，切勿等到当天临时购买。

表6–1　××公司访客接待申请表

申请人	张三	申请部门	××部	接待标准	最高接待标准
来访时间	2017年11月5日	结束时间	2017年11月6日	到访地点	北京朝阳公司
是否接机	需要接机	是否送机	需要	投影	需要
接机航班号	CZ3××9	送机航班号	CZ8××5	展厅讲解	需要
来访单位	广东××股份有限公司			来访人数	4人
来访主要领导	总经理李四、副总经理王五、技术总监刘六、采购经理胡七				
交流内容	想采购我司某某产品，来我司了解我司实力及相关产品情况				
行程安排	公司参观交流—午餐—下午游玩—第二天上午返程				
门口欢迎词	热烈欢迎××领导莅临我司指导				
如有其他信息，请说明：客人不能吃辣，午餐不可安排辣的食物					
宣传相关	微信微博官网都宣传	其他需求	暂无		
备注： a. 请申请人仔细选择或填写，便于接待部门安排相关事项。 b. 请提前一个工作日将此表发送给对应标准的领导审批后，发送至接待专用邮箱××××，同时抄送给部门分管副总裁。					

二、会中注意事项

- 会议室茶点备留，对于时间较久的会议，及时观察茶点消耗情况，适时补充；同时确保茶水供应充足，变凉的茶水及时替换。
- 对于重要的接待会议，需安排一个行政人员在会议室门口，以便有特殊情况可第一时间处理。
- 拍照。大部分接待会议需要拍照留念，所以要提前安排摄影人员在会议期间拍照，但是因为会议期间大家的位置布局相对固定，所以不可多次打扰，各个角度拍摄到满意的照片即可。
- 会议纪要。除了少量保密性较强的会议之外，大部分接待会议都需要做会议纪要，方便会后跟进会上讨论的事项或用作宣传报道等。为了保证会议纪要的完整性，建议除了人工记录外，还需使用录音笔录音，避免记录不及时、有遗漏，会议结束后可再根据录音补充完善会议纪要。

会议纪要模板

会议主题	
会议时间	
参会人员	
会议地点	
会议内容	1. 2. 3. ……
会议决策或会后需跟进的项目	1. 2. 3. ……
记录员：×××	时间：×年×月×日

撰写会议纪要的几个注意事项：

- 会议纪要一定要准确、真实，忠实原意，切忌添加记录者的观点、想法，不能断章取义；
- 会议纪要要区别于一字不落地把会议内容复述出来，而是要将会议中的关键内容提取出来；
- 会议纪要格式要条理清晰，简单易懂，可以让查阅者快速了解会议内容。

三、会后注意事项

- 会议结束后应及时关闭投影仪、音响、电脑、电子显示屏、空调等设备；
- 会议结束后应及时清理会议室，保证会议室干净整洁，不影响下次会议使用；
- 会议结束后应及时整理会议纪要和照片，如需宣传报道的，则应尽快整理完成宣传材料，及时发布。

四、其他注意事项

- 资源积累。能够实现以上简便模板的前提是在非接待时间的日常工作中，注意资源的积累，比如合作酒店的谈判，建立月结合作，不仅可以享有优惠，预订和费用结算还会更加方便；旅游参观方案的制定，给出接待申请人员不同预算的选择，等等。
- 接待礼仪。作为行政工作人员，负责接待需要懂得基本的接待礼仪，接待当天要注重穿着打扮，应正式大方，不可着邋遢或者暴露的衣服。

五、公司访客接待工作标准

公司访客接待工作标准

文件编号		发布部门	行政部	版本	
密级		初次生效日期		最新修订日期	
起草人		审核人		审批人	

第一章 总 则

第一条 以树立良好的公司形象，扩大公司对外联系和交流，规范来访接待程序，提高来访接待水平为目的，特制定本工作标准。

第二条 适用范围：本工作标准适用于公司的各种接待工作。

第三条 接待原则。

1.公司来访客户接待需要本着热情、周到的原则，合理安排行程，尽量满足客户需求，让客户有宾至如归的感觉，给客户留下良好印象，为以后的合作打下良好基础。

2.申请人应提前把握客户层次，提出合理的接待需求，在保证品质的前提下尽量降低投入成本。

第二章 部门职责

第四条 接待申请部门：明确接待需求，提出接待申请，确定接待标准，统筹整个接待工作。

第五条 行政部：根据批准后的接待标准，协助接待申请部门落实具体接待工作，包含但不限于客人接送、住宿、餐饮、欢迎横幅和礼品等物资安排。

第六条 其他部门：根据接待工作需要，配合接待工作，确保接待工作顺利进行。

第三章 接待流程

第七条 接待信息确认。为保证接待高质量、低成本、顺利进行，接待申请人需提前就接待信息做翔实的确认，包含但不限于以下信息：

1.接待主题确认：包括来访宾客所属单位、此行目的和意义、洽谈主要内容等。

2.接待时间确认：即宾客来访的具体时间（年/月/日/时）。

3.接待地点确认：即接待具体发生的地点。

4.宾客信息确认：即宾客姓名、单位、职位、头衔等信息。

第八条 接待标准确定。由接待申请人根据确认的接待信息，初拟接待标准（填写附件《公司来访接待申请单》）并向部门负责人提出申请，最后报分管副总裁批准。批准后的《公司来访接待申请单》应至少提前三个工作日发送到接待专用邮箱jiedai@×××.com。

第九条 接待准备。行政部在收到申请部门分管副总裁批准的《公司来访接待申请单》后，立即按接待标准启动接待准备工作，并于宾客到达前的半个工作日将准备情况反馈给申请部门和行政部总监。准备工作包括如下内容（实际准备按申请标准执行）：

1.接待小组确认：即申请的接待小组成员是否均可按时出席，确定陪同最高级别领导。

2.接待地点确认：根据双方人员级别、数量和洽谈内容确定接待地点。

3.吃、住、行准备：包括但不限于交通工具、住宿地点、就餐地点的安排等。

4.物资准备：包含但不限于欢迎横幅、多媒体设备（投影仪、摄像机等）、公司宣传片/集团整体情况介绍PPT、名签、茶歇（糕点、时令水果、茶水、咖啡等）、礼品。

第十条 接待执行。

1.标准接待步骤。

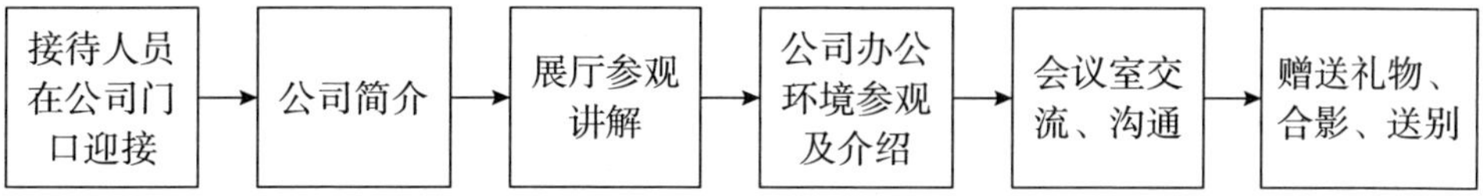

图6-1 标准接待步骤

2.保密原则。接待中涉及机要事务、秘密文电、重要会议，要特别注意保密，接待中既要熟练介绍公司情况，又要内外有别，严守本公司商业机密。

3.若按接待标准步骤不能满足实际接待需求，接待申请人需另行提前说明，并与行政部共同制定具体的接待方案。

第十一条　接待总结。

1.接待活动结束后一个星期内，由行政部收集接待申请部门、接待小组成员的意见，不断总结完善。

2.根据需要，由行政部或接待申请部门将接待信息、双方洽谈成果在合适渠道公布。

第十二条　接待要求。

1.参与接待人员需注意自身穿着，使来访宾客感受到公司的重视和良好的公司形象。

2.参与接待人员需备好名片、交流资料等以备交流时使用。

第四章　附　则

第十三条　本标准由××公司行政部负责解释，并根据实施情况出台补充规定。各办事处参照此标准另行起草适合于自己的接待工作标准。

第十四条　本标准自发布之日起实施。

第五章　附　件

附件：公司来访接待申请单（略）。

第四节　大型会议管理

在大型会议中，人员广泛，内容丰富。相比只提供场地的普通会议而言，大型会议更多地需要行政管理人员具备一定的组织能力和项目管理能力。大型会议组织的主要流程如下：

一、明确会议目的，确定会议主题

大型会议的组织与举办肯定是基于一个非常重要的目的，如组织公司年会、十五周年庆典、行业峰会等。该类会议需要确定鲜明且有意义的主题，方便参会人员理解会议组织的意义，提高会议效率或者表达组织者的议题。只有确定了会议主题，才能围绕主题做一系列的内容设计，所以确定主题是需要首要完成的。

二、明确费用预算

确定会议主题之后，首先应该梳理此次大型会议的预算，便于后续根据预算准备相关事项。正常情况下，公司会在上一年年底或者本年年初做好当年度的各项预算，对于公司每年例行组织的大型年会或高级管理人员会议，在制定会议执行方案时应考虑前期做的预算，所有费用需控制在预算范围内（公司高层领导特批除外）。如果是公司高层领导临时提出的大型会议组织要求，在确认必要性后，也应该和公司领导明确组织该类会议的初步预算，以便制定会议方案。

大型会议产生的费用一般有如下几类：

- 住宿费用；
- 交通费用；
- 会议场地费用（含现场布置费用）；
- 餐饮费用（包含会议茶歇）；
- 周边景点参观或团建活动费用。

三、确定与会者名单、举办时间及会议地点

由上述第二点的费用类型可知，参会人数、会议地点和酒店档次会对会议费用产生较大的影响，所以明确费用预算后，需预估参会人员数量，根据会议主题、费用预算和参会人数筛选可选的会议城市和酒店档次。对于年终的公司高级管理人员会议，可以考虑选择一些有特色的地点，如云南大理、浙江乌镇、四川九寨沟等，既完成了开会的任务，也满足了大家旅行的需要。举办时间则

可以结合公司运营情况选择，避免影响公司的正常运营或与公司重要项目冲突造成部分人员不能参与等情况。

四、制定会议执行方案

在明确了上述信息后就可以制定更详细的会议执行方案，以便提交上级领导审批。会议执行方案一般包含以下内容：会议目的、会议主题、会议时间、会议地点、参会人员、会议议程、团建活动方案（如有）、会议预算等。年终公司高级管理人员会议时间一般是两天（不算来回程），可以根据会议内容安排一天或一天半的会议时间，及半天或一天的团队建设活动时间，团建的目的是让大家放松身心，同时增进彼此的熟悉度和感情，以便在以后的工作中更好地协作和配合。团建活动形式很多，如正常的团队拓展活动、大理环洱海骑行、普洱茶品鉴、沙漠徒步、团队管理沙盘模拟演练——沙漠掘金等。大家在做会议执行方案的时候记得一定要预留方案B，给领导多种选择，满足领导不同的想法，提高工作效率。

五、发送会议通知

会议执行方案审批通过且预订好酒店后，应第一时间知会公司各部门负责人，以便他们知悉并预留时间，并在会议开始前1–2周发出正式的会议通知，便于所有参会人员提前安排行程。同时，根据会议议程设计的会议环节，提醒相关人员准备好会议汇报材料。正式会议通知一般包含以下内容：会议目的、会议主题、会议时间、会议地点、参会人员、会议议程、团建活动方案、会议期间天气情况及穿衣建议、到酒店的交通出行建议、酒店设施情况、此次会议费用报销指引、会议联系人等。

六、会前准备

- 做好酒店、餐饮、出行大巴、团建活动、会议场地等的预订和合同签订工作，也可以考虑把这些事务性的工作外包给一个旅行社来完成，这样就可以减少去现场的行政工作人员数量；

- 进行会场布置和设计，如会议背景和展板等，并联系当地广告公司进行制作和布置，增加会议氛围；
- 制作会上供大家观看的公司年度回顾视频（如有必要），也可以把此部分内容外包给其他公司做，我们只提供素材即可；
- 确定会议主持人和主持词，如果会议重要，也可以考虑外请专业主持人；
- 准备好会议正式开始前、中场休息和晚宴节目衔接时的过渡音乐；
- 确定会议及团建活动的摄影师，也可以考虑外请当地摄影师；
- 明确会议桌的摆放方式：U形、分组型、培训型，提前制作并摆放好名签；
- 提前建立一个参会人员的微信群，以方便发布会议通知信息；
- 提前与酒店确认好住宿人员信息及对应房间号，参会人员到酒店后说明公司信息和提供个人信息后即可确认所住房间及共住人员；
- 至少提前一天收集好会议发言资料；
- 在去会议现场前确保翻页笔和录音笔可正常使用，需要演示的PPT和音视频可以正常播放，多带几个笔记本接口转换器；
- 至少提前一小时到达会议现场，确保会议现场的投影仪、话筒、演示电脑、翻页笔、录音笔能够正常使用，确保有两个话筒可用；
- 至少提前一小时到达会议现场，调节好会场空调温度、扬声器音量，提前确认好讲台摆放位置；
- 提前准备好管理人员的随手礼（如每人一盒茶叶或一个电子产品）；
- 提前准备好奖牌或奖杯，用于优秀员工或优秀团队的颁奖；
- 如果晚宴上设置抽奖环节，则需提前准备好抽奖礼品盒工具；
- 为避免会议期间可能有人生病或团建期间受伤等状况，可提前与酒店沟通准备急救药箱或自带急救药箱，并提前了解酒店及团建活动区域周边药店及医院情况。

七、会中管理

- 根据会议规模及重要程度，安排数个行政人员在会议现场做好会场的保障工作，以便有特殊情况可第一时间协调处理；
- 由前期准备的摄影师在会议期间拍照，包括大合照及领导发言的抓拍，以便后续宣传；
- 安排相关人员做好会议纪要，方便会后跟进会上讨论的事项或用作宣传报道等；为了保证会议纪要的完整性，建议除了人工记录外，还需使用录音笔录音，避免记录不及时、有遗漏，会议结束后可再根据录音补充完善会议纪要；
- 由于会议可能会持续2~3天，所以要做好会议、餐饮、交通的衔接安排，会议餐饮既要考虑便利，也要考虑特色，如去云南开会可以安排吃野生菌、篝火晚会、烤全羊；
- 会议期间根据会议时间可以安排酒店设置提醒服务，会议结束前一天通知参会人员退房时间。

八、会后管理

- 行政工作人员最后离开会场，离场前全部检查一遍，确保东西不遗忘，如笔记本电脑、翻页笔、录音笔、剩余的礼品和酒水等；
- 对于需要宣传的大型会议，根据摄影资料和会议内容及时完成宣传材料撰写，并在相关平台发布，保证即时性；
- 与酒店确认退房情况，与酒店、旅行社等公司结算费用、开具发票；
- 总结此次会议组织过程中需要改进和提升的地方，以便下次做得更好。

下面是一家上市科技公司的管理人员年会活动方案，供大家参考，该方案融合了公司高级管理人员会议、年会及上市十周年庆典的内容，相对单一的会议组织会更加复杂。

××公司管理人员会议暨上市十周年庆典策划案

一、活动目的

通过庆祝公司上市十周年，一起感受公司的成长，感谢员工和客户的陪伴，增强客户和员工的信心，一起期许公司未来更好的发展。

二、活动时间：20××年1月14—16日（管理人员会议+上市十周年庆典）

三、活动地点：深圳××酒店

四、活动主题：从新出发，再创辉煌

五、活动内容

（1）管理人员会议

表6-2 管理人员会议

项目	内　容	备　注
时间	正式会议1月14—15日	1月13日下午入住
对象	管理人员	
议程	20××年工作总结及20××年工作规划	13日晚餐自行解决或领取酒店自助餐券，14日中餐、晚餐及15日中餐外出就餐，15日晚餐各板块自行安排（酒店含早）

（2）庆典活动

表6-3 庆典活动

项目	内　容	备　注
时间	1月16日（白天+晚上）	
对象	1.股东及经营团队： 2.各板块参加活动名额分配： ➢集团共计××人 ➢一业务共计××人 ➢二业务共计××人 ➢三业务共计××人 ➢四业务共计××人 ➢上市十周年特殊贡献奖10人、优秀员工10人	预计共××人 （各业务板块参与人数含邀请的政府、专家、供应商人数）

续表

项目	内　　容	备　　注
评优	**传统奖项** 优秀员工：20××年度表现杰出的10名优秀个人 最佳团队：20××年度贡献突出的10个优秀团队 **特殊贡献奖** 十年10人：指公司上市及上市后，对公司上市、战略、业务等有重要贡献的员工，入职至少满5年以上，评选人数最多10人	
议程	**1.上午：** 08:30—10:00礼佛（自由报名，大巴车40分钟） 10:00—12:00自由活动 **2.中午：** 12:00—14:00自行解决或酒店自助午餐 **3.下午：**（会议环节有直播，弹幕不可控、观看不限量） 14:30—16:30 开场视频（概念片）、经营管理团队启动仪式 董事长致辞 年度评优表彰及获奖代表发言 优秀供应商颁奖 观看十周年发展视频 十年员工代表颁发纪念品及发言，全员幸运抽奖（会议环节全程直播） 大合照 16:30—18:00表演人员化妆，其余人员休息及交流（酒店翻台） **4.晚上：** 18:00入场签到拍照 18:30—19:00开场视频、观看表演（前3个节目） 19:00—20:00用餐+观看表演（后3个节目） 20:00—21:30敬酒互动、联络感情	1.直播，全员观看，可以多群联播 2.优秀员工代表、十年员工代表发言各1名 3.晚宴节目共计6个（筹备节目包含：经营团队擂鼓节目1个、一业务节目1个、二业务节目1个、三业务节目1个、四业务节目1个、其他节目1个、外请节目3个，上述节目竞争确定是否上场）
风格	着正装或礼服出席，配饰或裙子可考虑红色，寓意喜庆、开门红	

六、活动预算××万元

表6–4 活动预算

环节	项目	数量	单价	预算	备注
住宿	会议住宿	60	……	……	13—14日，40人，12个标准双人间/18间大床房
	庆典住宿	160	……	……	15—16日，130人，50个标准双人间/30间大床房
餐饮	会议餐饮	3	……	……	管理人员会议，一共四次用餐（14日午餐60元/人、晚餐100元/人；15日午餐自助餐220元/人，晚餐自行安排）每次就餐人数40人
	庆典餐饮	13	……	……	午餐自行解决或酒店自助，晚宴13桌
	酒水	130	……	……	白酒、红酒
会议	管理人员会议室	2	……	……	14—15日管理人员会议
	庆典场地	1	……	……	16日下午及晚上使用
礼品	庆典伴手礼	140	……	……	普洱茶套装，参与庆典活动所有人的伴手礼，公司员工及客户约130人，预留10份
	十年老员工纪念品	145	……	……	定制双肩包
	幸运抽奖	10	……	……	全体员工中抽10名，奖品为××手机
	现场抽奖	39	……	……	现场与会人员抽奖，中奖率为30%。特等奖旅游基金1份；一等奖××笔记本电脑3份；二等奖××手机5份；三等奖××吸尘器10份；幸运奖十周年纯金纪念手链20份
物料布展	曲面LED搭建	1	……	……	20m×4.5m曲面搭建，分辨率：5120×1152
	灯光设备	1	……	……	
	音响设备	1	……	……	
	舞台搭建	1	……	……	舞台及阶梯，5m×20m 含地台，舞台高度60cm
	海洋球签到墙	1	……	……	签到台 3m×5m，十周年庆典海洋球亮灯互动背景板
	拍照框背景板	1	……	……	拍照框+合影+手举牌

续表

环节	项　目	数量	单价	预算	备　注
	评优海报	10	……	……	优秀员工海报套装
	业务产品展示区	1	……	……	背板+立体logo+异型图案+展架
	搭建运输人工费	1	……	……	安装及撤场搭建工人费用、运输费
	布展服务费	1	……	……	3D效果图设计、会务人员差旅费、服务费、税费
	上市十周年回顾视频	1	……	……	
	企业概念片	1	……	……	
	优秀员工VCR剪辑	1	……	……	
	简易视频	1	……	……	启动仪式、演出背景动态视频、最佳团队获奖视频、主题动态视频
	庆典纪念视频剪辑	1	……	……	庆典纪念视频10分钟剪辑
	录像及摄影	2	……	……	会议、观光、晚宴
外请团队/服装	化妆师	2	……	……	
	主持人、礼仪服装	6	……	……	
	演出服装及奖励	60	……	……	
	节目	3	……	……	

第五节　会议管理制度

会议管理制度

文件编号		发布部门	行政部	版本	
密级		初次生效日期		最新修订日期	
起草人		审核人		审批人	

第一章　总　则

第一条　为使公司的会议管理规范化和有序化，提高会议的质量和效率，降低会议成本，切实跟踪落实会议提出的各项工作任务与工作要求的完成情况，从而保证会议的有效性，特制定本制度。

第二条 适用范围：公司全体员工。

第二章 名词定义

第三条 公司会议类型分为三类，分别是日常会议、接待会议、大型会议，分类的定义如下：

- **日常会议：**企业内部的工作例会、研讨会、交流会、培训会议、头脑风暴会议等，正式程度相对较低，随时相约即可开始。
- **接待会议：**即有客户来访时接待客户准备的会议，一般是业务考察或者签约会议，需要细致周到的会前准备，给来访者营造正式且舒适热情的会议氛围。
- **大型会议：**大型会议包括行业交流会、大型庆典会、企业年会等，参与会议人员较多，形式变化种类较多，每次费用较高。

第三章 各部门职责

第四条 公司会议管理由行政部统筹负责，各部门配合完成。

第五条 行政部工作职责

1. 负责会议室的管理及会议室相关设备的维护；
2. 负责电话会议渠道、视频会议系统的管理；
3. 负责接待会议的会议室准备及过程跟进；
4. 负责大型会议的统筹组织；
5. 负责会议管理制度的制定与修订；
6. 负责其他与公司会议管理相关的事项。

第六条 各部门工作职责：

1. 学习了解行政部发布的会议管理相关文件，并按照文件要求执行；
2. 爱护会议室设施，使用完毕后将相关设备放回原处，关闭会议室电子设备；
3. 协助行政部完成大型会议的组织实施工作。

第四章　会议室管理规定

第七条　公司会议室分布情况。

表6–5　公司会议室分布情况

会议室名称	会议室地点	设备设施	容纳人数
××会议室	一楼北侧第一个	投影仪、电话、玻璃白板	50人以内
××会议室	一楼北侧第二个	电视机、电话、玻璃白板	30人以内
××会议室	一楼北侧第三个	电视机、电话、玻璃白板	15人以内
××会议室	二楼南侧	电视机、电话、玻璃白板	10人以内
××会议室	三楼北侧	电视机、电话、玻璃白板	10人以内
××会议室	四楼北侧	投影仪、电话、玻璃白板	15人以内

第八条　会议室的安排原则：

会议室的日常使用安排以各部门申请会议室的时间为准；但是当部门内部会议与外部接待会议或公司重大会议冲突时，则以接待会议或公司重大会议为主（此情况由行政部协调确认）。如有部门或个人使用会议室未提前预约而占用他人会议室预约时间，则预约人员有权要求未预约人员离开会议室。

第九条　会议室的使用原则

1.会议室仅限于公司组织会议、接待客户、商务研讨、招聘、工作交流等使用，且尽量高效率完成会议，严禁长时间占用会议室或个人私自占用会议室；

2.会议室的设备仅限于在会议室内使用，未经申请，不得挪作他用；

3.严禁在会议室内饮食、大声喧哗、抽烟等；

4.会议室使用完毕后，使用人员需将会议室设备归到原位，不得随意乱扔或损坏设备。

第十条　会议室的预定方法

公司会议室预定系统采用钉钉“智能会议室”，请大家用个人钉钉账号登录后申请预定，经行政部审核同意后方可在预定期间使用。

第五章　网络会议系统使用规定

第十一条　对于异地多人会议需要网络会议的，可以向行政部申请使用网络会议系统。

第十二条　公司网络会议系统采用Webex，如需使用请提前一天发邮件至行政部申请。

第十三条　因网络会议线路有限，请充分评估使用网络会议的必要性，并提前与开会人员沟通，提高会议效率，减少网络会议线路占用时间。

第六章　接待会议管理要求

第十四条　各部门如有接待需求，请提前一天联系行政部，以便准备接待相关物资并安排会议室。

第十五条　申请接待会议，请按照会议接待标准填写《接待申请单》并给上级领导审批。

表6–6　公司访客接待申请单

申请人		申请部门		接待标准	
来访时间		结束时间		到访地点	
是否接机		是否送机		投影	
接机航班号		送机航班号		展厅讲解	
来访单位				来访人数	
来访主要领导					
交流内容					
行程安排					
门口欢迎词					
如有其他信息，请说明：					
宣传相关		其他需求			
备注： a. 请申请人仔细选择或填写，便于接待部门安排相关事项。 b. 请提前一个工作日将此表发送给对应标准的领导审批后，发送至接待专用邮箱××××，同时抄送给部门分管副总裁。					

表6–7　会议接待标准说明

接待内容	高级接待标准	中级接待标准	普通接待标准
车辆	奔驰	奔驰或普通商务车	普通商务车
酒店	五星级	四星级	高端快捷酒店
餐饮	400元/人	200元/人	100元/人
出席领导级别	总裁/副总裁	副总裁/总监	总监/经理
茶歇	100元/人	50元/人	20元/人
纪念品	有/无	有/无	有/无
酒水	飞天茅台/五粮液/品牌红酒	五粮液/公司定制白酒/品牌红酒	公司定制白酒/品牌红酒
游玩	1000元/人	500元/人	300元/人
最高审批人	副总裁	总监	总监

说明：

a. 关于车辆：在两种接待标准同时存在的情况下，优先级别更高的接待，在只有一个接待的情况下，如奔驰空闲，中级接待可使用奔驰；如存在两种同级别的接待要求同等级别的车时，则公司安排在外租赁同等级别的车辆（对于公司没有自有车辆的情况，则不存在冲突的情况，根据对应的标准租赁车辆即可）。

b. 以上标准为接待的最高标准，实际执行过程中可根据情况变化，最高不超过该标准即可，如超过原申请标准，则需增加审批人审批。

第十六条　对于重要的接待会议，为避免泄密，由申请部门安排记录员撰写会议纪要，会议纪要模板如下：

会议纪要模板

会议主题	
会议时间	
参会人员	
会议地点	
会议内容	1. 2. 3. ……
会议决策或会后需跟进的项目	1. 2. 3. ……
记录员：×××	时间：×年×月×日

第六章　附　则

第十七条　本制度由××公司行政部负责解释，并根据实施情况出台补充规定，补充规定与本制度具有同等效力。

第十八条　本制度自发布之日起开始实施。

拓展延伸

如何提高会议效率

1.会议目的要明确。对一个单位或者部门来说，召开一个会议，无论其规模大小及类型如何，第一步就是设立会议目的，明确会议定位。会议到底要解决什么问题，一定要非常明确，而且会议目的应尽可能具体地表述，不得模棱两可地陈述，并让每一位与会人员清楚，以便提前做好相关准备工作。

2.参会人员要准确。会议人员一般包括会议组织者、参与者和记录员等。参会人员的数量要适度，参会人员过多则易七嘴八舌，经常偏离主题，导致会议时间无限延长，最后草草收场；参会人员太少，则不能有效征集意见和建议，不便于民主决策、科学决策。同时，参会人员的层级、职级不能相差太远。

3.会前准备要充分。发出会议通知，包括会期、时间、地点等。编排好会议议程，印制会议日程。做好会场布置，确定主席台领导，安排座次，摆放名签、话筒、资料、茶杯等；确定会议桌摆放形式，明确划分会场区域，并使与会者事先知道；保证投影、音响、照明、通风、空调等设备齐全有效；做好会议食宿、集体照相、门口欢迎词等方面的准备。

4.会议规则要清晰。坚持“四个不”原则：不跑题，紧紧围绕会议目的发言，不能天马行空、不着边际；不打断，尊重发言人，无论其说得对、错、偏颇、滑稽，只要不跑题，只要没有攻击别人，就不要任意打断他；不超时，无论谁发言都有时间限制，如不超过5分钟、10分钟；不攻击，不指责、批判他人，更不能对其他与会者进行人身攻击。

5.主持协调要到位。会议主持人要加强协调，保证会议按照预定方向和进程进行。要不断通过各种明示或暗示告诉参会人员会议的目标或讨论的主题，当有人偏离主题时，应及时予以制止。保证参会人员在发言时不受到其他参会人员的攻击，当参会者相互攻击时，应加以制止。在会议过程中始终保持中立，确保参会者对其的信任。

6.会议气氛要和谐。会议氛围良好，参会人员才会畅所欲言，才能取得预期效果。会议前，会场环境的布置有讲究，不能太压抑，要让人感觉舒服一点，缓解压力，给参会人员一种轻松舒适的感觉；会议中，要发扬民主精神，鼓励参会人员积极参与，允许有不同的声音和意见，要集思广益。

7.会议服务要周到。会议话筒、茶水、应急处理等服务工作看似小事，但对会议效率的影响是很明显的。有的会议发言人较多，话筒数量不够，就要提前做好话筒服务工作，确保有序衔接；有的会议需要使用展板、影像等设施，要及时服务到位；有时，会议需要临时增加参会人员，应及时通知，确保会议高效运行。

8.形成纪要要尽快。为了顺利推进工作，有的会议还需要形成会议纪要，以便相关单位和部门抓好落实。为此，会后，要根据会议主持人或相关领导的要求，遵照会议精神，迅速撰写会议纪要，尽快呈送主持人或相关领导批阅，尽快形成准确完整的会议纪要，并尽快将会议纪要分发至相关单位和部门，以免影响决议的完成。

9.传达精神要及时。会议结束后，为便于有关人员第一时间学习领会会议精神，应通过专题会、新闻宣传报道、内部简报等形式，尽快将会议精神向相关人员传达。同时，在传达会议精神的时候，要忠于会议，科学严谨、准确无误地传达，防止片面性，要注意保密，不向无关人员透露会议内容。

10.决议跟踪要闭环。会议的目的就是统一思想、研究措施、解决问题。对会议形成的决议，要坚持一抓到底，建立会议事后跟踪制度，按照PDCA[①]闭环管理要求，对会议议定事项进行跟踪，重点对会议安排的工作是否落实、会议提出的问题是否解决等情况进行检查、讲评、考核，确保各项会议决议都能按时按要求完成。

---

① PDCA 循环的含义是将质量管理分为四个阶段，即计划（Plan）、执行（Do）、检查（Check）、处理（Act）。

第七章　印章管理

企业印章是企业身份和权力的证明。盖有企业印章的文件，是受法律保护的有效文件，同时意味着企业对文件的内容承担法律责任。所以，印章管理的重要性不言而喻。如果因管理不规范导致印章被他人盗用或冒用，可能会给企业带来不必要的纠纷和企业无法承担的责任。

第一节　企业印章的种类和使用范围

一、公章

公章是公司效力最大的印章，是法人权利的象征，除法律有特殊规定只能使用专用章外，公章均可代表法人意志，对外签订合同及其他法律文件。

公章的使用范围较广，但是为了把控风险，减少公章借用的频率，一般适用于对政府相关办事机构、银行、证券等，以及以公司名义发出的信函、公文、证明文件等。公章的具体使用范围如下：

- 公司对外签发的单方性文件。
- 公司与相关单位联合签发的单方性文件。
- 由公司出具的证明及有关材料。
- 公司对外提供的财务报告。
- 公司章程、协议。
- 依据法律法规或政府要求而报送至有关部门的材料。
- 《劳动合同》及相关协议。

- 其他经公司法人、总裁、总经理书面批准使用的材料。

二、法人章

法人章，刻有法人代表姓名的印章，主要用于必须加盖法人章的凭证和法律文件，如私人方章、签字章等。

三、专项业务章

专项业务章，刻有“××公司某项业务专用章”字样的印章，比如合同专用章、财务专用章、发票专用章、投标专用章等，此类印章法律效力仅限于本业务范围。合同专用章使用于各类合作协议或经济合同；投标专用章，只用于投标文件；财务专用章，主要用于各种凭据、汇款单、支票及财务往来结算等相关业务；发票章主要用于由于公司业务往来而需要开具的发票。

四、部门章

刻有部门名称的印章，比如人力资源部专用章、行政专用章等，其法律效力仅限于代表该部门的印章。

五、其他印章

比如董事会印章、工会章等，仅限于在办理相关事务时使用。

第二节　印章刻制、启用、停用和销毁

一、印章刻制

一般在成立新公司时会依法刻印公章、合同章、财务章、发票章，除此之外的印章增刻，须获得公司高层领导的书面批准。印章刻制审批通过后，可以由印章管理部门按照相关规定到公安机关指定地点办理刻章手续。禁止任何人私自刻制企业印章，一经发现，将视为严重违纪，情节严重者还将提请司法机

关追究刑事责任。

二、印章启用

新印章启用前要由印章管理部门做好戳记，并留样保存，以便备查。印章启用前应先经公司高层领导批准。

三、印章停用和销毁

当出现公司名称变动、印章使用损坏、公司（部门）撤销或关闭、印章遗失或被窃等情况时，印章管理部门应及时向公司高层领导提出印章停用申请，经书面批准后，将相关印章进行封存或销毁，印章管理部门应建立印章上交、存档、销毁的登记档案，并向相关人员发送印章停用通知。

当集团所属分公司、子公司、下属单位注销后，在工商注销手续完成后，需及时收缴包括公章、合同专用章、财务专用章、法人私章等在内的全部印章及用印记录。若在注销时由工商行政部门自动注销的，需保留相关部门出具的销毁回执。当部门被撤销和关闭后，印章管理部门需及时收回部门印章及用印记录。

第三节　印章保管、交接和使用

一、印章保管

企业印章应交给不同的人分开保管，不可由同一个人保管所有印章或多个印章。印章保管必须安全可靠，应加锁保存，不能将印章随意放置或转交他人。原则上，财务专用章和法人章不得由同一个人保管，要分开保管。如发生印章遗失或被盗情况，应第一时间向公安机关报案，并取得报案证明，同时在当地报纸上刊登遗失声明。

二、印章交接

如印章保管员因外出办事、出差或请假等原因需要离开工作岗位的，可由印章保管员委托或指定可靠的临时保管人，但需通知印章管理部门进行信息备案登记；如印章保管员因工作内容调整、部门调动、离职等原因需要将印章长期移交他人保管的，须由印章管理部门指定专人代替并办理移交手续。

三、印章使用

- 无论何种情况下使用公司印章，均需提交申请并经相关领导审批后方可用章。未按批准权限用印或用印审批手续不全的，印章保管员不予盖章。
- 印章的使用由各印章保管员设立使用登记台账，严格登记制度。
- 严禁任何人私自将公司印章带出公司使用。财务章绝不允许外借，若因特殊情况确需将其他印章（不含财务章）外借使用的，需公司总经理审批后方可带出。同时，印章保管员应随同经办人一同处理使用印章的业务。
- 未经公司总经理的书面授权，印章保管员不得在任何人所持空白纸或空白格式化文件上加盖印章。如前述领导已经批准或授权，则必须对空白盖章纸进行编号管理，并记录使用情况。
- 对加盖印章的材料，应注意落款单位必须与印章一致，用印位置恰当，要齐年盖月，字迹端正，图形清晰，不漏盖、不多盖。多页合同等文件为防止相对方将其中部分内容更改而引发纠纷，必须加盖骑缝章。

表7–1　印章使用申请表

印章类型		盖章性质	因公/因私
文件份数		每份页数	
业务经办人		使用事项	
附件	如走线上审批，此处建议设置上传文件电子档		
审批人		审批日期	
审批意见	同意/不同意		

表7-2　盖章记录表

姓名	部门	文件名称	文件发往单位	印章类型	盖章日期	备注

第四节　印章管理制度

印章管理制度

文件编号		发布部门	行政部	版本	
密级		初次生效日期		最新修订日期	
起草人		审核人		审批人	

第一章　总　则

第一条　为加强公司印章管理，规范公司印章刻制、发放、保管及使用的合法性、严肃性和安全性，规范公司及各个分公司、子公司、控股公司经营活动有序进行，依照风险预防为先、使用规范的印章管理原则，切实有效地维护公司利益，特制定本管理制度。

第二条　本规定所称“公司印章”，是指公司及其分公司、子公司、控股公司的公章（含空白盖章纸）、合同专用章、业务专用章、部门专用章、法人章以及其他印章。

第三条　本规定所称“空白盖章纸”，是指盖有本公司或分公司、子公司、控股公司公章的空白纸或空白格式文件的资料。

第四条　公司印章必须按规定范围、规定程序使用，严禁任何人私自将公司印章带出公司，任何人不得超范围、不得违反程序使用公司印章。

第五条　本规定适用于××××公司及其分公司、子公司、控股公司。

第二章　印章的类别和使用范围

第六条　公章，是指刻有公司名称的印章，法律效力代表集团公司或其分公司、子公司、控股公司。公司公章（或空白盖章纸）的使用范围：

1. 公司对外签发的单方性文件。
2. 公司与相关单位联合签发的单方性文件。
3. 由公司出具的证明及有关材料。
4. 公司对外提供的财务报告。
5. 公司章程、协议。
6. 依据法律法规或政府要求而报送至有关部门的材料。
7. 《劳动合同》及相关协议。
8. 其他经公司法人、总裁或总经理书面批准使用的材料。

第七条　法人章，刻有法人代表姓名的印章，主要用于必须加盖法人章的凭证和法律文件，如私人方章、签字章等。

第八条　专项业务章，刻有“××公司某项业务专用章”字样的印章，比如合同专用章、财务专用章、发票专用章、投标专用章等，此类印章法律效力仅限于本业务范围。合同专用章使用于各类合作协议或经济合同；投标专用章，只用于投标文件；财务专用章，主要用于货币结算等相关业务；发票章主要用于由于公司业务往来而需要开具的发票。

第九条　部门章：刻有部门名称的印章，比如人力资源部专用章、行政专用章等，其法律效力仅限于代表该部门的印章。

第十条　其他印章：如董事会印章、工会章等，仅限于在办理相关事务时使用。

第三章　印章的刻制和启用

第十一条　印章的刻制

1. 当成立新公司时，将依法刻印公章、合同章、财务章、发票章。
2. 除此之外的印章增刻，须获得该公司法人的书面批准。
3. 凡是通过批准刻印的印章，均由印章管理部门负责按照政府相关部门的规定到指定公安机关办理刻制程序，以及有效备案。

4.印章的形体和规格，按国家相关规定执行。

5.禁止任何人私自刻制印章。一经发现，将视为严重违纪，公司有权随时解除劳动合同并追究相应损失，情节严重者还将提请司法机关追究刑事责任。

第十二条 印章的启用

1.新印章启用前要由印章管理部门负责人做好戳记，并留样保存，以便备查。（见附件：表1《印章备案登记表》）

2.印章启用前应先经公司的总裁或总经理批准，抄送公司法人知悉。

第四章 印章的保管和交接

第十三条 公司所有印章统一由印章管理部门进行管理，并设有印章负责人。印章负责人的职责有：负责印章管理员的信息登记与维护；负责建立与管理《印章备案登记表》；负责新刻印章的戳记留样；负责OA印章管理模块功能的设计与持续优化；负责处理印章管理过程中出现的异常情况等。

第十四条 各类印章由专人负责日常管理，目前公司各类印章的管理员见《印章管理员情况表》（见附件：表2《印章管理员情况表》）。所有的印章管理员必须签订《印章保管及使用责任书》（见附件：表3《印章保管及使用责任书》），并严格履行管理职责。原则上，财务专用章和法人章不可由同一人保管，要分开保管。

第十五条 印章保管必须安全可靠，加锁保存，不得将印章随意放置或转交他人。如印章管理员因外出办事、出差或请假等原因需要离开工作岗位的，可由印章管理员委托或指定可靠的临时保管人，邮件通知印章管理部门印章负责人进行信息备案登记，并抄送给委托和被委托人的上级领导；如印章管理员因工作内容调整、部门调动、离职等原因需要将印章长期移交他人保管的，须由印章管理部门总监指定专人代替并办理移交手续，移交时填写《印章移交登记表》（见附件：表4《印章移交登记表》）。

第十六条 印章的使用由各印章管理员设立使用登记台账，严格登记制度（见附件：表5《印章使用登记表》），若OA已实现印章的使用记录台账导出功能，则无须使用《印章使用登记表》。

第十七条 严禁任何人私自将公司印章带出公司使用。财务章绝不允许外借，若因特殊情况确需将其他印章（不含财务章）外借使用的，需填写《携带印章外出申请表》（见附件：表6《携带印章外出申请表》），由申请人所属部门的主管副总经理以及印章所属公司的法人批准后方可带出。同时，印章管理员应随同经办人一同处理使用印章业务。

第十八条 印章保管有异常现象，应保护现场，印章管理员应及时向印章管理负责人报告并采取相应补救措施、配合查处。

第十九条 印章遗失必须在第一时间向公安机关报案，并取得报案证明，同时在当地报纸上刊登遗失声明。

第五章 印章使用及审批

第一节 基本原则

第二十条 印章使用审批程序包括“合同业务活动盖章的OA审批流程”与“其他业务活动盖章的OA审批流程”两个类型。

第二十一条 原则上，申请人应于提交OA申请时将拟盖章文件上传。确实无法上传拟盖章文件的，申请人在提交OA申请时必须填写盖章文件名、文件发放单位、盖章类型、盖章性质、使用事项（盖章文件用途）、份数及每份页数等项目，同时经审批人审批后，印章管理员方可盖章。

第二十二条 无论何种情况下需使用公司印章，均需在OA系统提交申请，经审批后方可用章。在OA盖章管理模块下提出申请，并通过领导审批的盖章申请，且被印章管理员确认盖章的资料的视为有效盖章，其他未经审批的盖章资料均为无效，公司对盖章内容不予认可。如遇紧急情况审批人不能及时审批，申请人需在OA提交申请后，以书面邮件方式取得审批人的审批，紧急情况可电话确认，同时审批人应于申请提交后的两天内登录OA补批，若申请紧急盖印后未在两天内办完补批手续的，对于同一申请人后续的盖印申请，印章管理员可拒绝施印。

第二十三条 合同业务活动的盖章申请，统一通过OA采购管理模块或合同管理模块进行审批，不通过OA盖章申请模块进行。

第二节 使用申请及审批权限

第二十四条 审批权限表

表7–3 审批权限表

印章类型	使用事项	审批流程
公章	招投标文件、其他文件	申请人→部门总监
	发往客户的验收证明、请款申请、发货证明、装箱单、发票、公司资质类复印件	不用审批（但仍然要在OA提交并留下盖印记录，结果由申请人负责）
	合同业务文件	申请人→业务经理→部门总监
	劳动合同、在职证明、离职证明等人事相关资料	申请人→人事专员→人事经理
	收入证明	申请人→人事专员→人事经理
空白盖章纸	不限	申请人→副总经理→法人、总裁或总经理
合同专用章	合同业务文件	依OA合同管理或采购管理流程执行
	其他文件	申请人→部门总监
财务专用章	财务相关业务资料	财务总监
投标专用章	招投标文件	申请人→ 部门总监
法人、总裁私章	需法人、总裁签章的文件	法人、总裁或指定委托人
董事会	办理相关事务的文件	董事长
监事会	办理相关事务的文件	监事会主席
工会	办理相关事务的文件	工会主席

第二十五条 未按批准权限用印或用印审批手续不全的，印章管理员不予盖章。

第二十六条 申请人及所在部门应对拟盖章材料的内容负责，拟盖章的材料内容未经审阅及审批的，印章管理员不予盖章。

第二十七条 未经印章所属公司法人或总裁或总经理的书面授权，印章管理员不得在任何人所持空白纸或空白格式化文件上加盖印章。如前述领导已经批准或授权，则必须对空白盖章纸进行编号管理，并记录使用情况。

第二十八条 对加盖印章的材料，应注意落款单位必须与印章一致，用印位置恰当，要齐年盖月，字迹端正，图形清晰，不漏盖、不多盖。多页合同等文件为防止相对方将其中部分内容更改而引发纠纷，必须加盖骑缝章。

第六章 印章的停用

第二十九条 有下列情况时，须由印章管理负责人向印章所属公司法人提出停用申请（见附件：表7《印章停用申请表》），经书面批准后，由印章管理员及时送往印章管理部门进行封存或销毁，并由印章管理部门建立印章上交、存档、销毁的登记档案。

1.公司名称变动；

2.印章使用损坏；

3.公司、部门、项目撤销或关闭；

4.印章遗失或被窃，声明作废。

第三十条 当集团所属分公司、子公司、下属单位注销后，在工商注销手续完成后，必须收缴分公司包括公章、合同专用章、财务专用章、法人私章等在内的全部印章及用印记录。若在注销时由工商行政部门自动注销的，必须保留相关部门出具的销毁回执。

第三十一条 当部门被撤销和关闭后，印章管理部门必须及时收回部门印章及用印记录。

第七章 责 任

第三十二条 公司将不定期对印章保管、使用、用印的材料原件或副本进行检查，并将通过多渠道重点核查空白盖章纸、携带印章外出用印的情况。

第三十三条 印章使用申请人必须严格遵守本规定的用印流程进行盖印申请。对于第二十四条提到的不需要审批的盖印文件（如发往客户的验收证明、请款申请、发货证明、装箱单、发票、公司资质类复印件等），也必须登录OA

提交盖印申请，并对印章的使用后果承担一切责任。若申请携带印章外出使用，使用申请人只可将印章用于申请事由，并对印章的使用后果承担一切责任。

第三十四条 印章使用审批人必须认真地、严格地审批申请事项，对盖印文件的内容、用途、数量等严格把关。禁止滥用私权，如利用公司印章签订各种假经济合同，或者利用印章进行违法活动等，凡是盖章后文件的法律责任均由批准人负责。

第三十五条 印章管理员必须签订《印章保管及使用责任书》，并严格遵守，违规盖章造成的后果由印章管理员负责。

第三十六条 公司所有员工都应严格遵守本规定。如有违反，视为严重违纪，公司将依据法律法规及公司规定严肃处理；给公司造成损失的，公司有权随时解除劳动合同并追究相应损失，情节严重者将提请司法机关追究刑事责任。

第八章 附 则

第三十七条 本规定自发布之日起实施。

第九章 附 件

表1 《印章备案登记表》（略）；

表2 《印章管理员情况表》（略）；

表3 《印章保管及使用责任书》（略）；

表4 《印章移交登记表》（略）；

表5 《印章使用登记表》（略）；

表6 《携带印章外出申请表》（略）；

表7 《印章停用申请表》（略）。

拓展延伸

电子章的应用

随着无纸化办公的普及，纸质文书也开始向电子文书转变，但对于需要盖章的文书则无法实现。所以根据市场需求，电子章应运而生。

电子章，顾名思义，即电子化显示的印章，基于数字签名技术和相关防伪、数字等技术，使得每个电子印章具有唯一可识别性，符合《合同法》《电子签名法》的相关要求，从而具有法律效力。那么电子章是否适用于企业内部？有哪些优势和劣势？

对于一样事物是否可以应用，首先我们要分析需要使用的范围和适用的范围，以及成本、安全等各方面的因素。

表7–4　不同类型的电子章使用条件和成本

<table>
<tr><th>文件类型</th><th>电子章应用条件</th><th>成　本</th></tr>
<tr><td>向政府提交的相关证明文件</td><td>不适用</td><td rowspan="3">据了解，使用电子章的成本如下：
1. 系统部署费用（占较大比例，5万~20万元）
2. 每次盖章的费用（0.5~2元/次）</td></tr>
<tr><td>与客户签订的合同</td><td>客户认可则可使用（目前并非所有客户都认可）</td></tr>
<tr><td>与供应商签订的合同</td><td>作为甲方可要求供应商使用（但对于较小规模的供应商，如合同量较小，则不建议要求）</td></tr>
<tr><td>与员工签订的合同、出具的证明等</td><td>适用</td><td rowspan="2">3. 企业认证费用（约500元/年/个）
4. 公证费用（不定）</td></tr>
<tr><td>公司内部发文</td><td>适用</td></tr>
</table>

从以上分析可以看出，电子章目前还不能完全取代实物章，那么部分应用是否值得推广呢？笔者认为应从以下几个方面考虑：

1. 符合使用电子章的量是否够大？使用实物章产生的人工成本和快递成本是否远远高于电子章的费用？

2. 客户和供应商是否认可使用电子章？

相对固定的签约方、量大、异地签约是笔者认为衡量是否选择电子章的标准。如某大型电器公司，员工人数达10万人，且因是生产型企业，员工流动性较大，员工合同签订和离职证明的开具量非常大，如引入电子章，则可大大节省用纸量、处理合同的人工、储存档案的仓库等，所以电子章是值得引入的。

另外，引入电子章还需要谨慎考量供应商，选择规模较大、技术较为成熟的企业，否则可能会出现资料遗失、电子章无法律效力等问题。

第八章　信息安全管理

企业信息安全管理，即针对当前企业面临的病毒泛滥、黑客入侵、恶意软件、信息失控等复杂的应用环境制定相应的防御措施，保护企业信息和企业信息系统不被未经授权地访问、使用、泄露、中断、修改和破坏，为企业信息和企业信息系统提供保密性、完整性、真实性、可用性、不可否认性服务。简而言之，使非法者看不了、改不了信息，系统瘫不了、信息假不了、行为赖不了。

在数据信息的作用与地位日益显要的今天，数据信息的安全问题是关乎企业声誉、公众信任感、经济利益、生死存亡的问题，企业数据信息的安全程度将会影响企业的外部竞争力。

第一节　保密管理

一、明确保密范围及保密等级

保密管理的前提是需要明确保密范围及保密等级，便于公司根据等级制定不同的管理措施，同时有利于员工知悉公司要求，从而遵守保密要求。

（一）绝密级

只有极少部分人知道的机密性非常高的信息，属于公司核心秘密的文件，一旦泄露会使公司的利益遭受特别严重的损害。包括但不限于直接决定公司发展方向的重要资料、各类规划、各类财务预决算报告、各类财务报表、经营信息、核心技术等。

（二）机密级

日常工作中使用机密性高、只限业务相关者知道的信息，属于涉及公司重要秘密的文件，一旦泄露会使公司的利益遭受较大的损害，将直接影响公司利益。如研发计划、开发源代码、设计图纸、设计文档、开发文档、模具资料、技术规范、软件许可工具及文件、客户交流信息、核心算法、合作厂商/渠道信息、内部测试数据、重要登录密码（研发内部服务器、客户服务器、产品日志服务器等；个人身份信息：SVN、公司邮箱、电脑、OA办公系统等）、发货记录、产品信息、投标文件、商机信息、重要培训资料、产品成本、利润情况、竞品调研信息、公司采购单价、重要会议记录、销售数据、经营分析指标、员工工资等。

（三）秘密级

日常工作中使用的机密性较高的信息，对外作为机密，一旦泄露会使公司的利益遭受一定的损害；对内属于共有化信息，可对内公开。如部门的管理规章制度、岗位操作流程/文档、员工个人信息/联系方式、尚未进入市场或尚未公开的各类信息等。

二、制定保密管理制度，明确保密管理要求及泄密惩罚措施

内部员工保密管理一定要有明确的制度作为依托，一是员工有法可依，避免员工因无知而导致泄密，二是如果出现员工故意泄密的情况也有法可追，起到震慑作用。

三、与员工签订保密协议和竞业限制协议

通过与员工签订保密协议，我们可以让员工明确对工作期间接触到各类信息的保密义务，避免重要信息的外泄；通过与员工签订竞业限制协议，我们可以要求员工履行竞业限制义务，从而限制核心员工在离职后投资或从事和公司业务相关的竞争业务，或成立从事竞争业务的组织，避免核心员工离职对公司业务造成重大影响。

四、使用技术手段，避免员工故意泄密

除了制度，我们也可以通过一些技术手段来避免员工故意泄密，如封闭员工电脑的USB等接口，禁止信息拷贝流传；再如设定员工电脑只能访问公司内网，如果需要访问外网必须登记后走审批流程并做好监控，防止机密信息流出等。

五、提升内部IT系统的安全等级，避免外部攻击

除了内部员工的主动泄露，有时候也会出现外部攻击导致的信息泄露，所以企业需要提升IT系统的安全等级，如邮件系统、OA办公系统、项目管理系统等，避免被外部攻击窃取信息。

第二节　信息化设备安全管理

1.员工须使用公司提供的计算机设备，未经许可，不得私自将公司配发的计算机等设备带离公司，不得私自使用他人计算机或相关设备。

2.严格遵守计算机设备使用及安全操作规程和正确的使用方法。任何人不允许私自处理或找非本单位技术人员对信息化设备进行维修及操作，不得擅自拆卸、更换或破坏信息化设备及其部件。

3.原则上公司所有终端电脑、服务器都必须设定开机登录密码和屏幕保护密码，对于交换机、防火墙、路由器等网络设备也必须设置管理密码；员工对所使用的计算机及相关设备的安全负责，如暂时离开座位时须锁定系统，移动介质自行安全保管。

4.员工所使用的计算机必须安装公司统一采购的防病毒软件，不得私自卸载和停用，及时更新重要系统补丁及病毒库，并定期查杀病毒。

5.计算机使用人有软件使用需求的，可以向信息管理部门申请领取安装序列号，不得安装非授权软件，如私自安装非授权软件，公司将视情况进行惩罚，并赔偿由此给公司造成的损失。

6.计算机的使用部门和个人要保持清洁、安全、良好的计算机设备工作环

境，禁止在计算机应用环境中放置易燃易爆、强腐蚀、强磁性等有害计算机设备安全的物品。

7.公司所有硬件服务器统一放置在机房内，由公司指定的信息管理部门承担管理职责，由专人负责服务器的定期杀毒、病毒库升级、补丁修复、备份。

第三节　数据安全管理

1.每位员工都有保护公司信息安全防止泄密的责任，任何人不得向公司以外的任何单位或个人泄露公司技术或商业秘密。

2.定期对公司重要信息包括软件代码等进行备份，备份完成后，做好登记工作。

3.信息管理部门须采用循环的完全备份和增量备份等备份策略，完成对各信息系统数据的定期备份，以便在信息系统发生故障时将数据恢复到最佳状态；对备份的数据文件应妥善保管，防止被非法拷贝或毁坏，严禁未经授权将数据拷贝出系统，转给任何单位或人员。

4.存放备份数据的介质包括U盘、移动硬盘、光盘和纸质，所有备份介质必须明确标示备份内容和时间，并实行异地存放。

5.数据恢复前，必须对原环境的数据进行备份，防止有用数据的丢失；数据恢复后，必须进行验证、确认，确保数据恢复的完整性和可用性。

6.数据清理前必须对数据进行备份，在确认备份正确后方可进行清理操作，数据清理的实施应避开业务高峰期，避免对联机业务运行造成影响。

7.需要长期保存的数据，数据管理部门须与相关部门指定转存方案，根据转存方案的查询、使用方法要在介质有效期内进行转存，防止存储介质过期失效，通过有效的查询、使用方法保证数据的完整性和可用性。转存的数据必须有详细的文档记录。

8.非本单位技术人员对本公司的设备、系统等进行维修、维护时，必须由本公司相关技术人员现场全程监督。计算机设备如需送外维修，须经设备管理机构负责人批准，送修前，需将设备存储介质内的应用软件和数据备份后删除，并进行登记。对修复的设备，设备维修人员应对设备进行验收、病毒检测和登记。

9.管理部门应对报废设备中存有的程序、数据资料进行备份后清除，并妥善处理废弃无用的资料和介质，防止泄密。

10.员工离职后，员工所属部门或人力资源部应在当天通知信息管理部门关闭离职员工的OA账号和邮箱账号，并对员工的出入卡进行停卡处理。

第四节　网络安全管理

1.信息管理部门依据本单位组织架构建立用户入网登记表，采用分组管理，并详细登记用户姓名、部门名称、计算机IP地址、MAC地址、交换机接入网口号等信息，并对IP、MAC和端口进行绑定。

2.新入网的个人专用计算机，在完成基本办公环境安装调试后，必须安装终端安全管理客户端软件，并注册激活，员工不得擅自删除卸载该软件。

3.未登记、未激活的用户没有入网权限，私改IP、MAC的用户将不能上网。

4.信息管理部门将根据公司要求，对每个终端实施相应的安全管理策略，包括对U盘/光盘读写操作的控制、非法外联的监督等实施在线管理。

5.任何人不得制造、传播任何计算机病毒，不得故意引入病毒，不要打开不明链接、随意安装插件、运行未知的脚本；对于从互联网上下载的邮件附件、软件安装包等需经过杀毒软件查杀后再打开；不要接受来自不明网友的远程控制请求。网管员将对病毒、恶意控件/脚本进行查杀，员工应协助配合。

6.公司内部网络与互联网实行安全隔离，在网络边界处应部署防火墙或其他安全访问控制设备，制定访问控制规则。

7.办公用计算机必须通过单位统一的互联网出口上网，信息管理部门将封堵非法外联线路、私拉物理路由器，并禁用私装代理上网。

8.为保障业务系统访问速度，防止非业务相关的应用占用带宽，合理利用已有网络资源，管理员依据各部门具体情况分配带宽，上班时间对P2P、BT、在线视频等占用大量带宽资源的应用进行流控。

9.定期对重要网络设备运行情况进行安全检查，发现隐患及时上报或整改，并做好记录。

10.定期备份重要网络和通信设备配置文件，确保发生故障时能及时恢复网络运行，保证网络的可用性。

11.任何人不得利用网络制作、复制、查阅和传播下列信息：

- 煽动抗拒、破坏宪法和法律、行政法规实施的；
- 煽动颠覆国家政权，推翻社会主义制度的；
- 煽动分裂国家、破坏国家统一的；
- 煽动民族仇恨、民族歧视，破坏民族团结的；
- 捏造或者歪曲事实，散布谣言，扰乱社会秩序的；
- 宣扬封建迷信、淫秽、色情、赌博、暴力、凶杀、恐怖，教唆犯罪的；
- 公然侮辱他人或者捏造事实诽谤他人的；
- 损害国家机关信誉的；
- 有关侵犯知识产权的；
- 其他违反宪法和法律、行政法规的。

12.任何人不得从事下列危害计算机信息网络安全的活动：

- 未经允许，进入计算机信息网络或者使用计算机信息网络资源的；
- 未经允许，对计算机信息网络功能进行删除、修改或者增加的；
- 未经允许，对计算机信息网络中存储、处理或者传输的数据和应用程序进行删除、修改或者增加的；
- 故意制作、传播计算机病毒等破坏性程序的；
- 其他危害计算机信息网络安全的。

第五节　信息安全管理制度

信息安全管理制度

文件编号		发布部门	行政部	版本	
密级		初次生效日期		最新修订日期	
起草人		审核人		审批人	

第一章　目　的

第一条　为维护公司利益，保护公司秘密，保障公司信息安全、可靠，确保公司信息不受侵害、泄露，切实推行信息安全管理，积极预防风险，完善控制措施，特制定本规定。

第二条　适用范围：本制度适用于本公司所有员工。

第二章　密级分类及权限管理

第三条　公司信息根据保密程度和重要程度分为“A–绝密”“B–机密”“C–秘密”“D–公开信息”四个等级。

1. A–绝密：指只有极少部分人知道的机密性非常高的信息，属于公司核心秘密的文件，一旦泄露会使公司的利益遭受特别严重的损害。包括但不限于直接决定公司发展方向的重要资料、各类规划、各类财务预决算报告、各类财务报表、经营信息、核心技术等。

权限范围：董事长、董事、总经理、副总经理、总监、副总监、特别授权人员。

2. B–机密：日常工作中使用的机密性较高、只限业务相关者知道的信息，属于涉及公司重要秘密的文件，一旦泄露会使公司的利益遭受较大的损害，将直接影响公司利益。如研发计划、开发源代码、设计图纸、设计文档、开发文档、模具资料、技术规范、软件许可工具及文件、客户交流信息、核心算法、合作厂商/渠道信息、内部测试数据、重要登录密码（研发内部服务器、客户服务器、产品日志服务器等；个人身份信息：SVN、公司邮箱、电脑、OA办公系统等）、发货记录、产品信息、投标文件、商机信息、重要培训资料、产品成本、利润情况、竞品调研信息、公司采购单价、重要会议记录、销售数据、经营分析指标、员工工资等。

权限范围：根据岗位职责接受上级授权后方可有查阅或管理权限。

3. C–秘密：日常工作中使用的机密性高的信息，对外作为机密，一旦泄露会使公司的利益遭受一定的损害；对内属于共有化信息，可对内公开。如部门的管理规章制度、岗位操作流程/文档、员工个人信息/联系方式、尚未进入市场或尚未公开的各类信息等。

权限范围：全员。

4. D–公开信息：可对外公开的信息，如官网信息、对外披露报告等。

第三章　管理与监督

第四条　监管部门及其职责

为更好地贯彻和执行公司的保密管理制度，各部门管理人员为主要的监管责任人，各自的职责如下：

1.行政部：负责对全体人员进行保密教育，普及保密制度以及相关的法律知识；负责全体员工保密类协议的签订及管理；负责奖惩实施。

2. IT技术部：负责对涉及公司秘密的关键部门、部位，涉密计算机系统、涉密通信设备等，组织采取技术防范和监管措施。防范和监管措施包括但不限于建立关于计算机设备管理规定、信息安全体系控制程序、物理与环境安全管理规定、机房计算机设备管理规定、信息安全体系控制程序、物理与环境安全管理规定、机房管理、服务器管理、访问控制程序等相关的管理与监控手段。

3.审计部：负责对本制度的执行情况展开检查，受理信息泄露、专利侵害等事项的举报，并组织展开审计调查。

4.各部门负责人：作为本部门信息安全第一责任人，负责信息保密制度在本部门的推行和落实，包括但不限于确定本部门各个资产/系统/信息/文件的具体负责人，使文件的具体负责人对其所掌管的所有信息的安全负责；对本部门人员进行培训、教育和宣传，使本部门每个员工都遵守公司的信息安全策略、标准和管理规定；报告信息安全隐患、漏洞或事故，树立主动保护公司信息资产的意识。同时，对本部门人员的违规事件承担领导责任。

第五条　所有公司员工皆有义务服从公司及上级领导的工作安排，学习并熟悉公司对信息保密相关的规定，并负有监督义务。

第四章 安全措施

第六条 公司所有员工应严守秘密，不得以任何方式向公司内外无关人员散布、传播、泄露公司密级信息，不得向公司其他员工窥探、过问非本人工作职责内的公司密级信息。

第七条 研发、技术等岗位员工必须使用由公司提供的计算机设备，严禁使用个人电子设备办公。因外出工作、出差需使用笔记本电脑时，经部门负责人批准后方可借用专用笔记本电脑，同时实行“谁借用、谁管理”的原则，需严格做好信息保密工作，使用结束后必须及时归还。

第八条 计算机设备必须按公司规定安装、运行防病毒软件，并设置屏保口令、开机口令，离开座位时必须锁屏。

第九条 研发、技术等岗位所有电脑必须安装信息安全管理软件客户端，不得擅自删除卸载该软件，申请文档解密必须遵守相关审批流程。

第十条 严禁任何人员以介质光盘、U盘、移动硬盘等外接设备将公司信息带离；严禁任何人员将公司涉密信息通过网络邮箱、网盘、通信工具（QQ、微信等）、摄像、摄影等方式对外泄露。若因出差等原因拷贝资料到存储设备中，需要向上级请示批准，并以公司专用的存储设备做拷贝。

第十一条 严格遵守文件（包括传真、计算机盘片）登记和保密制度。秘密文件存放在有保密设施的文件柜内，计算机中的秘密文件必须设置口令，并将口令报告部门负责人，不准带密级文件到与工作无关的场所，不得在公共场所谈论秘密事项和交接秘密文件。

第十二条 严格遵守秘密文件、资料、档案的借用管理制度。如需借用秘密文件、资料、档案，须报部门负责人核准并记录备案，按规定办理借用登记手续。

第十三条 秘密文件、资料不准私自翻印、复印、摘录、拍照、录像和外传。因工作需要翻印、复制时，采取必要的安全措施，报部门负责人批准后办理，并记录备案；外发资料必须采用公司认可的邮箱或经公司认可的软件。

第十四条 不得在公开发表的文章中引用秘密文件和资料。

第十五条 凡是公司相关账户（电脑、FTP服务器、邮件账户和面向互联网的公司其他相关账户）有采用密码的地方，使用者必须保证使用高强度密码，经检查发现使用弱密码者，予以通报批评，因使用弱密码导致损失和恶劣影响的，追究其相关责任；高强度密码是指大小写字母、数字和特殊字符混合的密码。

第十六条 电子设备使用者必须妥善保管好自己的用户名和密码，严防因被窃取而导致泄密。

第十七条 禁止使用公司服务器交换保密数据。

第十八条 调职、离职时，必须将自己经管的秘密文件或其他东西，交至相关接收人，切不可随意移交给无关人员。

第十九条 公司员工离开办公室时，必须将文件放入抽屉和文件柜中。

第二十条 员工带领公司以外人员进入公司区域，员工必须全程陪同。

第二十一条 中层以上管理人员和研发技术岗位等涉密人员需与公司签署专项保密协议。

第二十二条 公司员工发现公司秘密已经泄露或者可能泄露时，应当立即采取补救措施并及时向上级领导报告。

第五章 奖惩措施

第二十三条 公司要求全员严格遵守保密制度，亦提倡公司员工相互监督，共同为保护公司秘密做贡献。若违反本制度规定，视情节轻重，依照国家法律和公司《员工奖惩管理规定》给予批评、警告、罚款、解除劳动合同等措施；情节严重者，将提交司法机关处理，并承担外泄资料等所引发的所有司法责任以及公司损失。

第二十四条 常见的奖励行为和违规行为如下。

1.常见奖励行为：

（1）对泄密、窃密或其他严重损害公司利益事件进行举报的，经审计部调查核实后，可根据其为公司减少或挽回损失金额的大小给予奖励。

（2）有效阻止他人有意/无意泄露公司保密信息，并避免公司造成经济损失的。

（3）在工作中，优化、发明、创造了更好的信息管理、防止信息泄露的工具、方法、手段的。

2.常见违规行为，包括但不限于下列行为：

（1）未按照公司规定使用计算机，或者未按公司规定安装防病毒软件、未安装信息安全管理软件。

（2）未经批准，拷贝、保存与本岗位工作无关的文档资料。

（3）未经批准，私自将公司保密文档或信息授予未经授权的其他人员（包括公司人员和非公司人员）。

（4）未经批准，私自转借个人办公电脑、转借信息系统账号等；盗用他人账号。

（5）未经允许，在各种媒体、公众场合发表与公司有关的评论或言论。

（6）未经批准，访问诸如游戏站点、网络购物网站等与工作无关的网站或访问不健康网站。

（7）未按照公司规定设置屏保口令、开机口令、共享口令等。

（8）非法收集/获取大量与本岗位无关的保密文档或传递保密文档。

（9）编制或运营黑客程序、编制或传播病毒程序。

（10）攻击公司网络和信息系统。

（11）盗窃、盗卖公司保密信息。

（12）外部人员来访时，未按规定全程陪同。

第六章　实施日期

本制度自公布之日起开始执行。

拓展延伸

终端安全管理系统

随着网络的便利和愈来愈开放的办公环境，企业保密工作愈来愈难。员工通过网络发送、U盘拷贝、拍照等方式外泄机密信息，都是不容易被发觉的方式，但是如果公司核心技术资料泄露，就会给公司带来巨大损失。作为行政管理者，必须具备开放性思维，与时俱进，及时了解市面上的相关新技术、新产品，并在适合的时间引进，以提升公司的信息安全管理水平。

目前市面上已有一些较好的终端安全管理系统，此类终端安全管理系统以终端管理为核心，形成集主机监控审计、补丁管理、桌面应用管理、信息安全管理、终端行为管控等终端安全行为于一体的管理体系，为企业管理者提供终端多位一体、统一管理的解决方案，为用户创建一个安全、可靠、稳定的办公网络。此类系统可以实现如下功能：

1.安全准入控制。通过终端安全准入控制管理的建设与实现，将完成对终端用户的身份认证与授权管理，实现终端计算机的安全准入控制与管理，即只有在符合既定的安全要求或者安全策略的前提下才能够进入内部网络，防止非法用户或非授权用户擅自进入内部网络。

2.非法外联管理。可以对双网卡、Wi-Fi、4G、蓝牙、红外线等违规连接方式进行监测、审计和阻断，且可以对审计和控制策略设置适用场景，确保在安全的基础上实现灵活办公。可以对内部终端、离线终端非法外联互联网或其他网络行为进行监控，并及时对其进行警告、阻断、自动关机、行为取证。

3.补丁分发与文件分发管理。可以管理操作系统、IE浏览器和Office的补丁分发；支持自动分发与手动分发，3级及以上的安全性补丁采取管理员强制分发安装，功能性或3级以下的安全性补丁采取员工选择性安装。同时也支持任意格式文件推送与文件安装功能。支持补丁或文件下发时的带宽占用率，以保障业务网络的顺畅。

4.桌面安全管理。通过对桌面终端安全管理与防护，最终实现对桌面终端的安全控制与合规性管理，实现桌面终端的可管理性、可控性，杜绝不安全的终端电脑在网络中的运行，防止各种不安全因素在网络中运行而造成的安全风险。

5.终端安全加固。对终端计算机硬件外设进行安全管控，对终端计算机的弱口令、系统屏保等管理控制；能够对终端计算机的用户权限变更进行管理控制及审计；能够对终端CPU、内存、硬盘、流量等资源运行情况进行审计管理；防止终端连接非法网络。

6.行为安全管控。通过终端行为管理的建设，最终实现对终端用户的上网行为、机密信息传输、网络应用行为、各种操作行为的统一管控和统计分析，降低终端用户行为访问的安全风险。

7.移动存储与安全U盘管理。通过移动存储与安全U盘管理，满足生产网、办公网、互联网的交互工作的要求。可以禁用外部U盘，内部U盘加密存储，加强U盘使用身份认证和操作审计，并可为不同的应用场景定制专用安全U盘。

8.端口与外设硬件控制。系统可以设置受控主机允许或禁止使用USB设备、串口、并口、软驱、光驱、红外设备、蓝牙设备、网络设备（无线网卡、网卡、PCMCIA）、1394接口、打印设备。系统采用硬件设备驱动级的禁用方式实现对上述设备的禁用。

9.终端数据管理。通过终端数据安全建设，可以实现内部重要电子文档资料和移动介质载体的统一管理与控制，完成重要移动介质或磁盘的机密信息彻底消除，防范敏感信息的外发控制和泄露风险。

10.打印和光盘刻录管理。根据策略对主机打印和光盘刻录行为进行监控审计，从而防止打印和刻录输出结果被非授权查看和获取。

11.安全审计管理。通过对终端行为的管理与综合审计，最终实现对终端操作行为、远程访问行为的集中记录与审计，便于对各种事件信息的统计分析和事后跟踪、追查。

12.远程运维管理。管理员调用远程客户端的桌面，帮助客户端用户解决相应的问题，进行软件安装、软件调试、系统维护、打印机安装等工作。支持文件发送、桌面共享、屏幕截图、屏幕录像和回放，支持远程桌面用户之间、远程桌面用户和管理员之间的文字交流或音频对话。

第九章　消防及安保管理

消防和安保涉及公司人员和财产的安全问题，其重要程度不言而喻，可是在企业管理过程中，很多企业却很容易忽略这两者，直到出现事故才后悔莫及。消防和安保管理难吗？难，但不是难在技术，而是难在坚持和落地。

第一节　消防安全管理

目前，国家消防部门对消防工作有明确的指示。只要按照消防管理要求执行，消防工作并不难做，但是很多公司都会嫌“麻烦”，不想“耽误”员工时间，在日常消防管理工作上偷懒，最终酿成惨剧。实际上只要我们按照要求制定好完善的流程，明确要求并执行，消防管理并不会耽误我们太多时间，但是却可以为公司规避很大的风险。

一、消防设施及器材定期检查更新

对于一定规模的企业来说，安全生产监督管理局（以下简称安监局）会强制要求企业与消防维保公司合作。消防维保公司需定期到企业检查消防设施是否可正常使用，消防应急通道是否被占用等问题，并给予指导意见，企业需及时跟进消防维保公司反馈的意见，加以更新处理即可。

如果未强制要求与消防维保公司合作，企业可内部自行定期检查记录。检查项目包括但不限于以下几方面：

- 上月度问题整改进度；
- 安全疏散通道是否堵塞；

- 消防安全标志配置及有效情况；
- 灭火器材配置及有效情况；
- 用火、用电违章情况；
- 单位人员消防安全知识掌握情况和日常遵守情况；
- 易燃易爆危险品存放状态；
- 消防安全重点区域人员在岗情况。

以上检查绝不可得过且过，必须要严格检查，发现问题及时处理。

二、日常消防管理宣传及要求

（一）新员工入职消防培训

新员工对公司环境较为陌生，且部分新员工可能未接受过消防培训，所以进行新员工入职消防培训较为重要，主要需要给新员工明确以下几点：

- 办公区域布局；
- 消防逃生通道和消防器材位置（建议带新员工实地走一遍）；
- 危险易爆品或有毒气体存放位置及日常管理要求；
- 基础逃生知识普及。

（二）日常防火安全宣传及检查

- 明确用电要求，禁止员工使用非工作所需的大功率电器；定期检查公司线路，及时处理老化线路；
- 禁止员工在园区内使用明火；
- 明确吸烟区，禁止乱扔烟头；
- 非相关工作人员不得进入易燃易爆品管理区域。

（三）消防演练报告模板

××年度第×季度消防演练报告

为加强消防管理，提高火灾防控能力和突发条件应变能力，督促员工学会并熟练使用灭火器和各类消防设备设施，公司每季度举行一次全员消防演练。

本次消防演练总结报告如下：

1.演习时间

×年×月×日×时

2.参与人员及工作人员

参与人员：全体员工。

工作人员：　　　　总指挥：　　　　　消防小组组员：

3.演习过程

整个演习过程分为现场模拟火灾（逃生）疏散、灭火器实操演练与室外消火栓操作演练。

（1）发布火警（拉响警铃），启动消防应急预案；

（2）3分钟内各应急小组成员就位；

（3）5分钟内各部门主管及部门的义务消防员引导员工正确快速疏散至园区空地位置，各部门负责人点名确认本部门人员全部到位；

（4）总指挥对此次演习总结讲话，提出本次演习过程中的不足；

（5）消防小组成员开始对全体员工进行灭火器及消防栓的正确使用现场实操指导讲解；

（6）员工有序参加灭火器及消防栓的使用练习。

本次消防应急演练，从发布火情到组织疏散成功共历时8分钟，及时、有效地控制了火情的扩大、保障了人身安全，避免了财产损失。真正做到了分工明确、责任到人，在火情发生第一时间让每个员工明白该做什么，如何正确报警、如何正确扑救、如何疏散、如何自救和逃生。

第二节　安保管理

安保管理工作较为琐碎，有一些基础的体力活儿，又涉及沟通能力、应急事件处理能力等，但是保安从业人员素质普遍偏低，所以管理保安人员需要一套详细、可行性强、贴合实际的工作手册，对保安进行培训，便于保安明确公司要求并根据公司要求处理事务。以下为某科技公司的保安工作手册，供各位读者参考。

××公司保安工作手册

一、保安仪容仪表

1.上班期间必须着保安服，戴保安帽，不得穿戴私服；

2.衣服干净整洁，头发长度不得超过5cm，不得烫发、染发、留胡须，不得蓄长指甲；

3.不得戴装饰物上岗（项链、耳钉等）；

4.工作期间，站立时需立正，不得倚靠墙壁或其他物品，不得东倒西歪、弯腰驼背，在保安室落座时，必须端坐，不得仰躺或跷二郎腿等。

二、保安工作期间要求

1.处理问题需冷静沉着，礼貌大方，不与人产生冲突；

2.工作期间，除非因工作或者其他必要情况接电话或者打电话，不得玩手机；

3.保安在工作期间必须携带对讲机。

三、园区管理

1.吸烟区规范

如发现有员工在非吸烟区吸烟，首先应有礼貌地提醒该员工此处禁止吸烟，让其到吸烟区吸烟，如员工不配合，依然在此处吸烟，则记录该员工信息，如果不认识该员工，则拍照记录，交给行政部经理处理。（保安室内禁止吸烟）

2.空调开关

早上：早上8点半以后巡逻，如看到温度计温度高于26℃，则开启空调；

晚上：晚上5点半以后，如办公区域无人办公，则关闭空调。

3.快递管理

3.1　快递登记：送到保安室的每份快递必须登记。

3.2　快递领取：员工领取时必须签名，如果是其他人代领，则由代领人签本人名字，且员工签名时必须确认签的是否正确后方可让员工离开；查看快递存放时间，如存放时间超过3天未取，需通知员工及时取走。

3.3 快递摆放：快递必须按照区域整齐摆放在快递架，严禁乱丢乱放；大件需整齐摆放在墙边，及时通知员工取走。

3.4 快递领取时间应避开繁忙时期，如早上9点或者9点半之前可以不予领取。

4.保安室卫生管理

保安室须保持干净、整洁，桌面及相关设备应每日擦拭，物品摆放整齐。

四、保安日常行为规范

1.常规防范：采取固定岗执勤与巡逻执勤相结合的方式，维护园区公共秩序，防控危及园区安全的行为。

2.技术防范：应用安全报警监控系统、电子巡更系统，对园区内的治安情况实施24小时监控，以确保安全。

3.人流管理：根据各出入口具体情况，控制人员进入所辖区域，维护园区的正常秩序。谢绝推销或闲杂人员进入管辖区域。

4.交通管理：保证出入口的畅通无阻，对出入车辆按规定和程序进行登记、检查并详细记录。提醒和指挥车辆按路线行驶、定位停车、防止乱停乱放。

5.物品安全：严格执行货物进出登记查验工作，凡将物品带出园区者，严格检查其识别证、所持物品放行条与物品是否一致，并做好记录工作。

6.安全巡逻：白天不定时巡逻，夜晚每小时巡逻一次，并做好“四防”工作。

7.消防检查：每周小查，每月大查，灭火器应每周巡查一次、检查一次压力，每月统一检查并签名，“消防检查表”需根据园区变化持续更新。消防给水系统、喷淋系统、防排烟系统设备，每季度进行一次全面的测试检查，确保系统正常运作。

8.搬运工作：需要搬运重物或大件物品时，保安人员应积极配合完成搬运。

9.自然灾害预防：如遇暴雨、台风等自然灾害时，须在灾害来临前做好防范措施，并在灾害进行时，保证自身安全的情况下，尽量维护财产、设备安全。

10.突发事件：应对突发事件，控制（保护）现场，防止事态恶化，按规定程序及有关法规的规定处理各种突发事件。

11.快速反应：当值保安员、领班接警后，5分钟内到达突发事件现场；保安队长在当值时接到突发事件报告后，5分钟内到达突发事件现场；在休息时接到突发事件报告后，以最快速度到达突发事件现场。

12.统一指挥：处理突发事件由行政部经理负责统一指挥，在特殊的情况下，由保安队长负责统一指挥。保安人员需无条件服从命令，并对突发事件的处理过程作详细记录。

13.报告制度：保安员在责任区发现与安全管理服务工作相关的异常事项，如给公司造成影响或产生经济损失的，均需及时报告领导。

14.报告时限：一般的治安案件发生后，在10分钟内；一般的刑事案件、火灾或重大刑事案件发生后，应立即向公司主管领导报告。凡接到重大事项的报告，无论哪一级都必须全力以赴，争分夺秒，按规定予以正确处置。

第三节　园区安全管理制度

园区安全管理制度

文件编号		发布部门	行政部	版本	
密级		初次生效日期		最新修订日期	
起草人		审核人		审批人	

第一章　总　则

第一条　为了加强进出园区的安全管理，促进园区管理规范化，保证安全办公和生产，维护正常的工作秩序，特制定本制度。

第二条　本制度贯彻执行“安全第一、预防为主、综合治理”的原则。

第三条　适用范围：本制度适用于在园区上班的所有员工。

第二章　各部门职责

第四条　园区安全管理由行政部和各部门配合完成。

第五条 行政部职责

1.负责园区安全管理制度的制定和修订；

2.负责园区日常巡逻和安保；

3.负责园区消防设施的维护和管理；

4.负责园区来访人员和车辆的登记；

5.负责对进出园区的人员和车辆、物资的检查；

6.负责车辆停放的安排和指导。

第六条 各部门职责

1.负责维护公司安全，发现异常情况及时报备给园区保安；

2.按照公司要求提前对来访人员进行报备；

3.负责告知和协助来访客户进行登记；

4.按照公司要求进出园区和停放车辆。

第三章 出入管理

第七条 人员、车辆等出入园区须出示相关证件，或来访预约登记号，园区保安人员负责对进出园区的人员、车辆、物资等进行检查、登记，对不符合本制度或拒不配合保安人员检查的车辆或人员，保安人员有权依据制度禁止其出入园区。无车辆、人员通行时大门（栏杆）应保持关闭状态。

第八条 人员出入管理

1.员工一律凭员工卡出入园区，无员工卡人员不能直接进出，需履行访客登记手续。

2.外来办事人员进入园区前需出示预约登记号，如无预约登记号，需登记填写《园区来访人员登记表》并说明来访事项，在保安人员向被访人员打电话确定后方可进入。

3.进入公司大堂后，到前台领取访客卡后可自由进入指定办公区域。

4.禁止来访身份不明、来访事项不明、外部闲杂人员及与各单位业务无关者进入园区。

5.儿童进入园区内需由大人陪同，禁止将儿童带入生产及施工现场。

6. 人员离访时将访客卡交给保安室即可，由保安人员确认人员离访时间。

7. 园区保安室禁止非工作人员逗留，禁止非工作事项进入，拿取快递后需尽快离开。

第九条 车辆出入管理

1. 员工上下班驾驶车辆进出园区时需提前报备车牌号，电子门禁会自动放行，如未提前报备车牌号，则需履行访客手续，在保安室登记后方可进入。

2. 外来业务车辆进入园区，如已在线上预约登记的，则可直接进入（行政部已提前将车牌号录入电子门禁），如未在线上预约登记的，则需将车辆停放在大门外，到保安室接待窗口登记后，保安人员电话向被访人员落实后方可进入。

3. 外来业务车辆进入园区后，由保安指引将车辆停放在临时停车位处；车辆停放好后，到前台领取访客卡后可自由出入指定办公区域；离开时将访客卡交给保安室即可。

4. 各种车辆出入园区时，应主动停车接受保安人员的检查，车辆出入检查包括驾驶室、厢体等的开门检查，确认无问题和相关手续齐全后方可放行。

5. 与我司业务来往较为密切的、具备固定业务关系的外部合作单位的车辆，可向行政部申请临时通行证，行政部根据实际情况、园区安全及相关管理制度，对所申请的临时通行证进行审核发放。

6. 对具有安全隐患、无固定驾驶人员、野蛮装卸、往来记录不佳等情况的单位车辆不发放临时通行证。

7. 持临时通行证的车辆，进入园区需经保安人员确认，核验临时通行证有效后可不用登记，但出园区大门仍需保安人员对车辆及载有物资情况进行检查记录，发现异常问题需处理妥善后方可放行。

8. 载有易燃、易爆及其他危险物品的车辆严禁进入园区。

9. 所有机动车辆进入园区应限速行驶，主路不超过15公里/小时，进出大门时不超过5公里/小时，进入园区的行驶路线见《园区车辆行驶路线图及停车场标记》，并将车辆停放在停车位处，对在园区内违反上述规定超速行驶和乱停乱放的车辆，保安人员有权对其进行提醒或按规定进行相应的处理。

10.进入园区的车辆，若无紧急情况，禁止鸣笛。

11.所有车辆进入园区后必须按规定停放在指定区域，严禁乱停乱放，园区内车辆禁止在转弯处、消防通道等处停放。

12.车辆进出园区要保证安全、规范、限速行驶，若因驾驶不当，导致园区公共设施损坏，将由车辆所有者进行相应的赔偿。

13.出租车禁止进入园区，员工乘坐出租车到达时，应告知出租车司机将车停放到大门外，并不妨碍园区车辆的出入。

第四章　消防安全管理

第十条　为保证公司消防安全，从源头消除火灾隐患，同时保证一旦有火灾发生，人员能及时疏散，财产损失尽可能减少到最低限度。

第十一条　禁止在园区内存放易燃、易爆危险品，严禁在办公大楼内吸烟；园区内可吸烟区域请见附件《园区吸烟区示意图》，其他区域禁止吸烟。

第十二条　严禁任何人在非指定地点使用明火，在使用明火作业时，应远离易燃易爆危险品，在现场应配备灭火器，并做好足够的安全措施。

第十三条　严禁任何人在非指定时间、非指定地点燃放烟花爆竹。

第十四条　严禁在各处违规使用大功率电器，如因工作必须使用，在使用前应仔细检查线路状况和设备，确保线路无漏电、无短路，并远离易燃易爆危险品。

第十五条　公共走廊、消防通道严禁堆放任何物品。消防通道门随时保证未上锁的状态，以确保火灾发生时人员及时疏散。

第十六条　园区内重点消防区域及消防设施，各责任人定期定点巡查，及时发现和排除火灾隐患，确保消防设施正常工作，以备不时之需。

第十七条　对违反规定，存在安全隐患不及时整改，危害消防安全的部门和个人，行政部将勒令其整改，并对当事责任人严肃处理。

第五章　附　则

第十八条　本制度由××公司行政部负责解释，并根据实施情况出台补充规定，补充规定与本制度具有同等效力。

第十九条 本制度自发布之日起开始实施。

第二十条 附件

附件一：园区来访人员登记表；

附件二：线上访客登记操作手册；

附件三：园区车辆行驶路线图及停车场标记；

附件四：园区吸烟区示意图。

拓展延伸

关于保安外包那些事儿

随着现代企业人力资源结构优化的发展趋势，部分岗位群体外包的范围越来越大。对于行政管理来说，保安、保洁等相对低端和高流动性人员外包也是大势所趋，但是相比保洁岗位，保安群体更特殊，无论是我们从自招转外包还是更换外包公司，都需要我们花费更多的精力去思考和处理，否则很容易出现一些意外情况。

对于有独立园区或者较大写字楼面积的企业，必须有保安做到7×24小时的值守。对于这样的企业，保安的素质要求尤为重要。但是，保安的工作特性又导致从事保安工作的人员素质较低，生活环境复杂，企业自主招人时无法对保安进行查档等工作，存在较大的安全隐患，所以选择外包，对于企业来说，可以规避较多的风险。但是外包也不意味着可以完全不管，在选择外包商时建议大家留意以下几点：

1.外包商资质是否齐全

保安服务许可证、保安外包资质等保安服务的相关资质（具体根据当地政策有所不同，在选择前需要查询了解，切忌为节约成本选择无资质的外包商）。

2.外包商在当地的规模是否够大，人员招聘到岗时间是否及时

保安的特殊性，使得人员不能出现空档期，当有人员离职时，需要立马有新人接替，如果公司规模较小，人员招聘渠道较少，较容易出现人员缺失或者

为了凑够人数而将就的情况。另外，小外包商的风险承担能力也较小，如果出现问题涉及赔偿问题，可能会给公司造成较大的损失。

3.保安培训

在将保安人员招聘工作外包后，保安的培训工作由外包商承担。但是，很多外包商会忽略这个步骤，作为甲方，必须严格监督，保安培训到位后再上岗，避免遇到突发事情无法处理，给公司造成不必要的损失。

整体来说，保安外包利大于弊，只要大家严格考察外包商，日常管理过程中与外包商积极沟通，在为公司优化人员结构，转移风险的同时，也提高了行政部门的工作效率。

第十章　后勤服务管理

后勤服务是行政管理中比较烦琐的工作，重复性强，从业人员素质相对偏低，但是又是每个企业生存和发展必须要处理的事务，所以能够处理好后勤服务工作，是对行政从业人员的基本要求。对于后勤工作，笔者总结的结论就是：标准化、制度化。对于后勤工作人员来说，不需要太多的个性化和创新，所以只要为他们制定好完善的操作标准，训练他们按照标准执行即可。

第一节　前台管理

一、前台岗位要求

- 身高1.65m以上，五官端正，气质佳；
- 普通话标准流利，语言表达能力强，善于沟通，有亲和力，有较强的保密意识；
- 熟练使用办公自动化设备及办公软件；
- 有良好的团队合作能力，具有高度的责任心，工作积极主动。

二、卫生礼仪

● 头发

经常清洗，保持柔顺清洁，扎起或披肩，不可杂乱邋遢，不可在岗上梳发，发饰只能用于“管束”头发，不能佩戴过于花哨的发饰。

● 妆容

“淡妆上岗”，整体干净大方，有活力，不能浓妆艳抹和岗上化妆。

● 指甲

不宜太长，控制在3mm之内，涂指甲要尽量用淡色。

● 口腔

保持口腔清洁卫生，不能在上班前吃有浓烈气味的食物，工作餐后漱口。

● 香水

以淡香型、微香型的香水为主，忌浓烈型香水。

● 衣着

需着干净、整洁的职业正装或休闲职业装，不得随意穿着。

三、形体礼仪

● 站姿

笔直站立，抬头挺胸。

● 坐姿

上体自然直挺，端坐于桌前。

● 不可出现以下情形

东倒西歪，重心不稳，含胸驼背，倚靠墙壁，斜坐或趴坐在桌上，没精打采；另外，双手不可叉在腰间或环抱在胸前，貌似盛气凌人，令人难以接受。

四、电话接听

● 接听原则

听到铃声响3下之内接起，语气适中、亲切自然。

● 开头结束语

开头语：您好，××××，有什么可以帮您？

结束语：再见！（等对方把话说完，对方挂机后，再轻轻放下）

● 转接

请稍等，我现在给您转接。

对不起，电话正在忙线中，请稍等/您等一会儿再打来/您看我是否可以帮您转达/您看我把您的联系方式告诉他，一会儿让他联系您，好吗？

说明：转接前需先了解对方需求，看是否为正常转接（如技术咨询、产品咨询等），对于转接给高层领导的，要特别留意，不可随意转接。

● 推销拒绝用语

您好，贵公司的产品我们暂时不需要，您可留下您的联系方式，后续我们有需要的时候会联系您。

您好，我们某某部门暂时无法接听电话，您可留下您的联系方式，后续我会将您的联系方式给某某部门，让他们联系您。

● 其他情况

• 想了解公司信息

先初步了解对方情况（如对方怎么称呼，是哪家公司的，为什么要了解我们公司的信息），判断对方了解我司信息的意图。

您好，请问您贵姓？

请问您为什么要了解我们公司的情况呢？是对我们公司哪方面感兴趣？

如对方是想了解我们的产品，则对公司和产品简单介绍后将电话转接给技术部门或留下对方联系方式反馈给技术部门。（如对公司产品不了解，则介绍完公司简介后直接转接或留下联系方式）

好的，我先简单给您介绍一下我们公司的情况，关于产品方面的介绍，稍后我给您转接我们技术部人员。

如对方是想刺探我司情报，则应礼貌拒绝，如无法判断则留下对方联系方式交与行政经理处理。

不好意思，您咨询的信息我暂时不太清楚，您看您是否方便留下联系方式，稍后我让我们的专业人士回复您！

• 打电话声称要找某总

先初步了解对方的信息（姓名、公司等），然后咨询对方找某总的意图，如能准确判断需要转接，则将电话转接给领导，如无法判断，则留下对方联系方式，交由行政经理判断后决定是否反馈给某总。

对不起，某总现在正在忙，如方便的话，请您留下联系方式，我让某总稍后回复您。

五、客户来访

● 当有客户、供应商、面试者来访时

如来访者无人陪同，则应立马起身，微笑面对来访者，然后说："您好，请问有什么可以帮您？"

如需来访者在大厅等待，则将来访者引到休息区并说："请您在这边休息区稍坐，我给您联系某某。"

如我司对接人马上就下来，则无需给来访者拿水。

如我司对接人说有事稍晚一点下来，则给来访客户或供应商提供瓶装水并说："请您先喝点水，某某马上就到。"

如来访者有公司领导陪同时，则应起身微笑示意。

当来访者是面试人员时，将面试人员引到面试室（招聘人员提前预约好的会议室），然后说："请您在这里稍坐，面试官马上就到。"在等待期间，可用一次性纸杯给对方倒水，并提示我司的微信二维码。

● 当公司高层领导进入公司大堂时

若公司高层领导是早上进入公司大堂，首先应起身，然后问："某总，早上好！"

若公司高层领导是其他时间进入公司大堂，应起身问："某总，您好！"

● 注意事项

来访人员在休息区如有不雅举动，如把脚放到茶几上、大声喧哗等，应礼貌告知来访者停止，保持公司形象。

六、前台桌面及环境要求

● 前台桌面要求

- 光洁干净，无污渍、水渍；
- 最上面一层除装饰品外无其他物品；
- 办公桌面办公用品摆放整齐，无个人用品。

● 大厅环境要求

- 干净整洁，无污渍、水渍；
- 无纸箱、杂物、货物堆放；
- 无垃圾，地毯摆放整齐；
- 前台花卉维护。

● 注意事项

如发现大厅出现脏乱情况，应及时告知保洁负责人进行清理；大厅严禁堆放杂物及大件物品，如发现应立即制止或告知对方尽快清理。

七、传真/信件

如收到传真或信件，应及时判断收件人，如无法明确收件人，则根据传真或信件内容判断归属部门，然后在收到传真或信件的当天将其交给收件人或该部门负责人。

如无法判断传真或信件的归属部门，则在收到当天将信息传递给行政经理，由行政经理处理。

第二节　保洁绿化管理

一、保洁管理

（一）清洁工作规范及细则要求

表10–1　清洁工作规范及细则要求

项　目	清洁项目	清洁要求	验收标准
大堂及走廊等大理石地面	（1）清洁频率：每天营业前、停业后全面清扫一次，用洗地机清洗一次；每隔30分钟用尘推保洁一次。	每天检查内走廊、地面、地脚线清洁度。	目视光亮照人，无水迹及泥沙、烟头等杂物；地脚线无尘埃，无拖痕。
	（2）日常保洁：用扫帚把地面清扫一遍，用微湿已洗净的拖布来回拖地，用尘推反复推地保洁。		
	（3）每月保洁：（非营业时间） ① 清扫地面，用刮刀刮掉可见的坚硬污垢。 ② 每月清洗、抛光地面各一次。		

续表

项　目	清洁项目	清洁要求	验收标准
瓷片墙身、玻璃门窗、各种标志及消火栓	清洁频率：每天保洁一次，每两周清洗一次。	每周检查瓷片墙面、玻璃门窗、消火栓箱、消火栓设备、各种警示标志有无灰尘、污迹。	目视洁净、无污渍，玻璃表面通透光亮，无明显灰尘、污渍及水印。
天花板、围栏	清洁频率：每周清洁扫尘一次。	每天抽查一到两个楼层，查看有无尘埃、蜘蛛网、污渍、漏水。	目视无尘埃及蜘蛛网。
不锈钢制品	清洁频率：每天上午、下午各清理一次，每周用不锈钢保洁剂保养一次（非营业时间）。	每日检查不锈钢制品表面有无灰尘和污痕，每周检查不锈钢制品表面有无锈斑和划痕。	目视表面干净、无污渍、光亮且无划痕。
绿化带	清洁频率：每天7:30及16:00各清洁一次，每隔半小时巡查一次。	每天巡查绿化带内有无落叶和石块、纸屑、饮料罐等杂物。	绿化带整洁干净，无石块、纸屑、饮料罐等杂物。
公共通道及地面阶梯	清洁频率：每天全面清洁两次，7:00和16:00各一次，每月全面清洗一次（非营业时间）。	每周抽查三至五个楼层的台阶，查看水平面和垂直面有无明显拖痕、尘埃、污渍、积水；任选一处扶手及栏杆，用手指擦拭有无污渍。	目视地面无烟头、纸屑、易拉罐等垃圾杂物，无明显污渍。
围栏	清洁频率：每周清洁一次。	每月检查围栏内外侧是否整洁、美观。	无积尘、无蜘蛛网。
公共设施（室内照明灯具及路灯等）	清洁频率：每周清洁一次。	每周检查灯饰内外有无污迹和擦痕。	无积尘、污垢。

续表

项　目	清洁项目	清洁要求	验收标准
垃圾桶	（1）清洁频率：每天保洁两次，每隔一个小时巡查一次，发现垃圾满了随时清理，垃圾桶内垃圾不能超过2/3。 （2）日常保洁： ①将垃圾桶内的垃圾打包并换上新的垃圾袋。 ②将收集好的垃圾运到指定的地方。 ③用湿毛巾擦拭垃圾桶表面使之干净。	每日检查在运送垃圾的道路上有无遗漏的垃圾和积水，随机抽查卫生间内垃圾桶，查看垃圾桶附近有无异味，桶内垃圾是否满溢。	目视无垃圾外漏，两米内无明显异味，桶面无污渍、污垢。
天面	每周保洁一次，每天巡查一次。	每日检查排水沟是否起青苔，排水口是否堵塞，天面是否有烟头、纸屑、易拉罐等垃圾杂物。	目视天面无烟头、纸屑等垃圾杂物，排水沟、排水口无杂物阻塞，排水畅通无阻。
客梯、消防及货梯	（1）清洁频率：每天7:30—17:30安排人员全面清洁，每小时循环保洁一次，每月全面保养一次。 （2）日常保洁： ①为了不妨碍人员的正常使用，电梯在进行日常保洁时一般不停止，尽量选择人少的时候进行。 ②电梯厢内清扫、湿拖、吸尘，用湿毛巾沾适量的不锈钢保洁剂清洁不锈钢表面。	每日检查电梯轿厢内壁、电梯前室有无污迹斑痕等。	电梯门、厢内四周不锈钢明亮、无锈渍，门轨无污渍、无沙尘。

续表

项　目	清洁项目	清洁要求	验收标准
垃圾房	清洁频率：垃圾清运每天一次，垃圾房及容器应经常清扫、刷洗，定时喷洒除臭剂、杀虫剂、消毒剂等药物。	每日检查垃圾房周围是否有散乱垃圾或污水，垃圾箱是否满溢。	垃圾房周围无明显异味，无散乱垃圾及污水，无蚊虫滋生，无鼠害。
卫生间	（1）清洁频率：营业前、停业后全面清洁一次，每小时循环保洁一次。	每日检查所有清洁的部位有无灰尘和拖迹、抹痕，卫生间有无堵漏，地面、墙面有无污渍，洗手液和纸巾的存量是否充足，空气清新机工作是否正常。	卫生间内洁具、设备干净无污渍，表面光亮，镜面明亮，室内无明显异味，地面干爽，无污渍、烟头、果皮、纸屑，天花板无灰尘、蜘蛛网等。
	（2）日常保洁： ①进入卫生间清洁前先将清洁告示牌挂在门前。 ②用夹子夹出小便斗里的烟头等杂物。 ③用布或擦垫加上去污剂、洁厕剂擦拭洁具除污，较顽固的污渍加去渍剂反复擦拭干净。 ④用布擦抹洁具表面，包括水箱、水管、盖板两面、基座周围，注意不留卫生死角。 ⑤抹干纸巾箱、干手机、洗手盆、台面和镜面的水迹，用干布擦去污渍、水印，定期刮洗镜面。 ⑥清倒厕纸篓并定期洗刷，最后拖抹干净地面。		

续表

项　目	清洁项目	清洁要求	验收标准
办公室	（1）清洁频率：每天全面清洁一次，每月进行消杀工作一次，特殊情况适当增加消毒杀菌次数。	每日检查，做到无灰尘，无污渍，无蜘蛛网。	室内无明显灰尘，地面、墙面无污迹，天花板无蜘蛛网等。
	（2）日常保洁：擦干净办公家具、门窗、灯具等办公区所有办公设施及墙地面；倾倒烟灰缸及垃圾篓等。		

（二）保洁人员工作要求

表 10–2　保洁人员工作要求

分　类	具体要求
工作纪律	1.工作时间内，严禁擅自进入大厦内不属于乙方清洁保养的地方。
	2.保洁员不可从事与大厦有相抵触的工作。
	3.不准有危害本身或他人的行为，给大厦造成损失。
	4.要礼貌待客，不准用污言秽语讥讽客人，更不能对客人不礼貌或不理睬。
	5.工作时不准打私人电话、抽烟、会客、吃东西。
	6.清洁用具按物业管理处指定地点集中存放，不乱摆。
	7.听从管理公司服务中心委派属乙方清洁工作范围内的指令。
仪容、仪表	1.男职工头发宜常修剪，发脚长度不盖过耳部和衣领为合适。
	2.女职工不宜浓妆艳抹，不应涂指甲、戴长耳环。
	3.制服及鞋袜应保持统一、整洁，每日应更换和烫洗，指甲常修剪。
	4.礼貌用语不离口。
	5.态度友好、面带微笑，不可带有情绪工作。

二、绿化管理

绿化管理分为室外绿化管理和室内绿植管理。

（一）室外绿化管理

因室外绿化操作较为辛苦且面积大，一般都是外包给专业的绿化公司或者是聘请专业绿化工负责维护。作为行政管理者，只需要明确绿化的标准要求，按照标准检查和告知如何改进。

1.草坪

根据时节定期修剪，以草长不超10cm为准，修剪后草坪面平整高度3~4cm，每次修剪后对草皮施一次肥，施后浇透水，保证草皮全年常绿。

2.绿篱、造型植物

绿篱、造型植物造型优美、丰富，修剪下的枝叶要立刻清除，造型后，对生长超过篱面的枝条要及时剪除，超出篱面的枝条长度应控制在10cm内；绿篱、造型植物在每年的3—8月，约50天施一次氮肥，9—11月期间约40天施一次复合肥，每亩地每次施肥量为15市斤。

3.乔木、灌木

根据灌木长势及时造型；造型后要及时修剪超过形状外的枝叶，一般为控制形状外的枝叶长不超过20cm。

4.浇水

室外绿化要根据不同季节、天气，不同植物品种生长习性，不同栽培目的，不同土壤，每天、隔天或几天浇水一次。因天气炎热而出现水分不足时，则必须相应地增加浇水次数，保证所有植物不因缺水而萎蔫。

5.植物保护区

- 以预防为主，综合防治，做到勤观察，早发现，早防治。
- 使用农药必须以不伤害健康为前提，使用高效、低毒、无臭、无异味农药。
- 喷洒农药时，必须戴口罩、安全防护手套，穿长袖衣服。喷洒农药时，禁止抽烟及吃东西。喷洒农药时，人应站在来风的上方，防止所喷的农药吹回人体吸收，造成中毒。
- 喷洒农药后要用肥皂反复多次于流动水中洗手。

6.注意事项

- 每次养护所产生的绿化垃圾，都要清理干净，确保给园区一个干净舒适的环境。

- 安全第一，在绿化施工过程中，要确保人员安全，不可做危险的活动。

（二）室内绿植管理

室内绿化维护相对简单，不过多赘述，从成本管控和效率两方面分享几点心得。

- 责任分配制。如公司规模不大，办公区内通风光照条件都较好，可以通过组织一些简单的小活动，将绿植分配给各部门养护，既能减少行政部门的管理工作，又能够让各部门个性化地美化自己的办公区域；公共区域绿植可以安排保洁人员稍作维护。
- 绿植外包。如果公司规模较大，公司企业文化不希望员工过多关注除工作以外的事项，可以进行绿植外包，由绿植公司负责维护和更换长势不好的绿植。

第三节　食堂宿舍管理

一、食堂管理

食堂管理的基础是保证食品安全和卫生，在食品安全和卫生的基础上提升口感。所以，作为食堂管理者，一定将食品安全无小事牢记在心，不可有丝毫马虎。在食堂本身管理的基础上，作为食堂管理的监督者，同样需要仔细检查以起到监督作用，同时结合与供应商或者员工签订的合同条款进行适量罚款，以此约束供应商或员工。以下检查表格供参考。

表10–3　食堂卫生安全检查表

检查人：　　　　　　　　　　检查时间：　　　年　　月　　日

检查项目	检查内容	检查结果				备注
		优	良	一般	差	
食品卫生	1. 采购食品是否新鲜卫生。					
	2. 蔬菜是否履行拣、洗、切、浸泡程序，严禁采购腐烂、霉变食品。					
	3. 食品应做到生熟分开、荤素分开，确保食品品味纯正。					
	4. 剩余食品是否采取保鲜及冷冻等措施，是否有变质变味食品。					

续表

检查项目	检查内容	检查结果				备注
		优	良	一般	差	
厨具餐具卫生管理	1. 厨具在使用前须洗干净，摆放有序，刀板每次用完后应彻底清洗干净后竖放，确保底、面、边三面光亮。					
	2. 炉灶、配料台、锅头、工作台、洗菜池、洗碗池使用后及时清理，并彻底清洗，保持干净、整洁。					
	3. 冷藏柜应定期解冻、清洗，以确保制冷效果及冷柜内环境卫生整洁。					
	4. 清除卫生死角，防止老鼠、蟑螂、苍蝇等污染食物。					
	5. 洗涤、消毒、保管程序：（1）洗：用流动水将餐具或用具表面黏附的残物冲掉；（2）刷：直接用洗洁剂刷残留的油渍和污垢；（3）冲：用流动水将洗洁剂彻底洗尽；（4）消毒：将清洁干净的餐具（碟、碗、筷、汤勺等）置放在消毒柜。					
	6. 餐前餐具集中摆放，保持清洁，不能直接放在台面，防止蝇叮，餐具未经消毒不得循环使用。					
工作人员个人卫生	1. 是否做到“四勤”，勤洗手、剪手指甲，勤洗澡、理发，勤洗衣服、被褥，勤换工作服。					
	2. 上班时间是否有吸烟现象，是否穿工作服、戴工作帽，保持仪表整洁。					
	3. 是否穿工作服离开厨房、食堂或做与制作饭菜无关的事情。					
地面卫生	1. 地面光洁无杂物。					
	2. 厨房排水应保持畅通，污水应及时倒入污水池，不积存脏水污物。					

二、宿舍管理

员工宿舍的管理，需要平衡工作要求和员工生活自由之间的度，既要在公司经费范围内为员工提供尽可能舒适、有隐私感和自由感的生活环境，提高员工的归属感，又要避免员工在宿舍内过于放纵，产生安全问题。

基于以上考虑，建议制定明确的宿舍管理制度，明确宿舍申请、日常居住要求、违规惩罚、事故责任等事项，避免管理纠纷和风险。

宿舍管理制度

文件编号		发布部门	行政部	版本	
密级		初次生效日期		最新修订日期	
起草人		审核人		审批人	

第一章　总　则

第一条　为了给大家营造一个安全、舒适的住宿环境，保持宿舍干净、整洁，明确住宿相关要求，特制定本制度。

第二条　适用范围：所有住宿员工。

第二章　职责说明

第三条　行政部职责

1.负责员工住宿申请的审核和退房申请的受理；

2.负责员工宿舍的安排；

3.负责员工宿舍的设备和装修保养；

4.负责员工宿舍的日常检查和违纪处理。

第四条　各部门职责

1.负责本部门住宿人员的制度宣贯；

2.负责协助本部门违纪人员的处理。

第三章　宿舍管理

第五条　住宿申请

员工在OA上填写住宿申请表，说明申请住宿的原因后提交行政部。

注：各公司根据各自的情况对申请住宿人员的条件进行明确，避免在申请人员多余宿舍数量时产生纠纷。

第六条　宿舍日常管理

1.不可私自更换床位或者房间，一经发现，立即取消住宿资格，并追究相关责任；

2.不允许留宿外来人员或未申请住宿的公司人员；

3.宿舍实行共有责任制，宿舍所有人负责本宿舍的卫生、纪律、安全等方面的工作，制定宿舍卫生值日表，行政部将按照值日表监督卫生值日员工作，检查房内设施，申报日常维修，检查排除安全隐患等。

第七条　设备设施管理

1.宿舍配备的设施物品，在员工入住时需清点，明确后员工签名确认，后续如有人为损坏需照价赔偿；

2.员工不得私自拆换、占用、损坏公共设备；

3.如公司配备物品自然损坏需要维修或更换，需及时报备。

第八条　纪律管理

1.严禁在宿舍内大声喧哗、吵闹，如被投诉大声喧哗或吵闹属实超过三次（含），则取消其住宿资格；

2.严禁在宿舍内进行赌博、嫖娼、宣传迷信等违法行为，违者将移交公安机关处理，并予以辞退；

3.严禁在宿舍内酗酒、打架、斗殴或侮辱他人，违者视情节轻重处以1000元以下的罚款或取消住宿资格，情节严重者移交公安机关处理，并予以辞退；

4.夜间12点以后，严禁在宿舍内制造会影响他人休息的声音、光源等；

5.不得在宿舍墙面或橱柜内打孔、粘贴物品；

6.严禁在宿舍内饲养宠物，严禁向窗外扔杂物、倒水，不得将物品和垃圾放在公共走廊、楼梯及其他公共场所；

7.应节约用电，离开宿舍时应关闭相关电器，严禁开门的同时开空调（如可以，最好由宿舍内人员支付本宿舍水电费，避免浪费）。

第九条　安全管理

1.宿舍水电设备需由电工安装、维修，禁止乱接临时线路，如由于私接电源引起电路短路或者火灾，视情节严重程度处以1000元以下的罚款，违规者需承担因此而造成的损失，且公司有权视情节严重程度决定取消住宿资格或辞退；

2.不准用超过1000W以上的电器，否则处以200元/次的罚款，并没收违规电器；

3.不得在宿舍内使用电饭煲、电磁炉等做饭设备，严禁在宿舍内做饭；

4.如发现用水、用电事故需及时上报公司。

第十条 卫生和环境管理

1.垃圾需放置在宿舍内垃圾桶内，严禁乱扔、乱倒垃圾；

2.个人用品需根据物品使用需求摆放整齐，如被褥需叠放整齐，鞋子放在鞋柜，盆和水桶放置在洗手间内等；

3.衣物需在晾晒台晾晒，不可挂在宿舍内或走廊、过道等。

第四章 附 则

第十一条 本制度由×××公司行政部负责解释，并根据实施情况出台补充规定，补充规定与本制度具有同等效力。

第十二条 本制度自发布之日起开始实施。

第四节 信件/快递管理

随着快递行业的日益发达，快递公司与企业的合作方式也越来越便捷，所以就不在此赘述，主要和大家分享几点在快递管理过程中需注意的事项。

一、合理选择快递公司

不能盲目选择快递公司，根据本公司的需求合理选择快递公司。

表10-4 合理选择快递公司

邮寄范围	邮寄物品性质	建议快递公司
国内	重要且时效性要求高	顺丰
	重要但时效性要求不高	邮政
	大件物品	德邦物流
	普通物品（对时效无要求）	四通一达
国外	国外邮寄建议选择大型快递公司	DHL或者顺丰海外

二、整合资源，降低快递费用

遵循以上分类原则，将本公司经常邮寄且邮寄量较大的物品进行评估分类，如大部分需要邮寄的都是重要且时效性要求较高的国内件，则可以选择与顺丰签订企业合作协议，既可以在费用上争取折扣，又可以统一月结费用开具统一发票方便财务处理，提高工作效率，且现在大部分快递公司签订的月结及优惠合同全国可用，对于在全国各地拥有办事处或子公司较多的企业来说更加方便。

三、预防员工利用公司账户邮寄个人物品

公司内部建立快递邮寄台账，员工在选择邮寄时需要明确邮寄对象，如××供应商、××客户等，便于在月底核对和领导审批时发现问题所在。

四、如何帮助员工/老板收快递?

如果每个快递都让员工自取，会浪费员工的时间，如果公司设置专人（前台/保安兼职）帮整个公司代收快递，会增加工作量且当快递出现问题时需要处理纠纷。

1. 如有条件，可让快递公司设置快递柜，员工件放入快递柜；

2. 对于公司高层领导，可告知快递员，由前台或保安代收后送到办公室。

第五节 车辆与司机管理

公司接待和员工外出处理事务都需要用到车辆，所以对于行政工作来说，车辆和司机的管理是必不可少的一块。但随着租车服务的兴起，现在企业用车有了更多的选择，行政管理者也可以根据公司需求组建更加多样化的用车方式，以满足公司发展需求。

一、用车方式的选择

现在普及的公务车租赁和自有车辆分别有什么优缺点呢？公司该选择哪种方式呢？下面我们可以对比分析一下。

（一）公务车租赁

目前市面上做高端租车服务较大的供应商有神州专车、滴滴专车等以及本地相对知名的一些租赁合作商。对于像神州专车、滴滴专车等全国范围内都有服务区域的供应商，在解决本地用车需求的同时，也可解决异地用车。对于本地租赁合作商，因为长期固定使用较为熟悉，租赁公司可以根据公司需求更为合理地提供服务，且能避免平台叫不到车，随时有备用车辆。

另外这些公司基本都可以做到月结，避免每次开具发票报销的烦琐。

（二）自购车辆及自聘司机

自购车辆可以根据公司接待的档次选择对应的车辆，保证车辆的整洁和舒适，给来宾更好的体验及安全保证。自聘司机因对公司较为熟悉，也可以满足公司各种接待需求，如果车辆使用较为频繁，单次使用费用较租赁车辆低，但是这两者前期需要公司投入较多成本。

表10–5　不同类型车的优点和缺点

类　型	优　点	缺　点
神州专车、滴滴专车等平台	覆盖区域广、车型选择范围大	服务质量不能保证，紧急用车时不能确保立马有车
本地租赁合作商	车辆有保障、熟悉公司业务，可提供增值服务（如带客户做当地游览等）	覆盖范围窄，车型相对有限，需要提前预约，临时找车不一定能及时赶到
自购车辆及自聘司机	安全舒适，服务周到	前期投入成本大

综合以上分析，对于大中型且接待量较多的企业，可以采购自有车辆和聘用司机为主，平台类为辅；对于中小型且接待量较多的企业，可以以本地供应商为主，平台类为辅。

二、用车管理

（一）平台用车管理

对于使用量较大的企业来说，可以直接和平台集团签订合作协议，取得优惠价格和月结服务，日常仅需监控使用权限即可（如普通员工外出处理事务用车选择车型应区别于接待客户用车，通过系统设置权限避免员工享受性用车，给公司带来较高成本）。

（二）本地租赁商管理

本地租赁商用车主要用于客户接待和长途用车，可以由行政工作人员单独对接，根据员工需求选择对应车辆和核对价格，最后进行月结付费。

（三）自有车辆和司机管理

1.车辆日常管理

车辆日常管理包括车辆保险，日常保养管理、清洗、加油等项目。

车辆保险：现在保险业务相对透明，根据车型选择对应保险即可。

日常保养管理：公司车辆建议直接在对应的4S店完成保养，避免出现异常。

清洗：可选择连锁洗车机构购买洗车卡交由司机清洗。

加油：可由公司统一采购油卡并绑定车牌号，避免司机给其他车辆加油。

2.司机管理

司机是第一个与客户接触的公司人员，代表公司形象，可以为司机配备统一的服装（或司机自备服装，但最好是衬衫、西裤和皮鞋），并确保司机的发型、衣着整齐；定期给司机进行礼仪培训，使用礼貌用语，为客人开关门等动作训练娴熟优雅。

行政管理提升篇

第十一章　优秀行政管理者所需具备的素质和能力

一个优秀的行政管理者需要有一种积极良好的工作心态，同时应具备三种意识和六种能力，积极打造“关注业务，用心服务，提升专业，不断创新”的部门文化。

第一节　三种意识

一、业务意识

业务是公司生存和发展的基础。行政、人力、财务等职能部门的一个重要职责就是服务、支撑公司业务，促使企业更好地发展。所以，作为行政管理者，我们要积极关注业务，主动学习业务，了解公司业务发展的真实需求，以便提供更有效、更接地气的服务。

行政部的一项工作职责是“负责公司资质发展规划及具体申报落实，确保资质满足企业发展需要”，对于资质申报，我们不能只是被动地等待业务部门提需求，然后去执行，这样只是一个被动执行者的角色。作为行政管理者，我们要关注业务、了解业务，同时主动和业务部门沟通，这样我们才能了解现阶段业务部门的项目招投标资质需求及未来几年支撑公司业务发展所需的资质需求，提前谋划、布局，及时申请到公司业务发展所需的资质，为公司业务发展保驾护航。

随着公司逐步发展壮大，一般会在全国各地甚至全世界各地设置办事处。哪些地方需要设置办事处？应该设置多大的办事处？作为行政管理者，我们需要了解公司业务发展情况，适时调整各地办事处的设置及面积大小，在满足公司业务发展需要的前提下，合理控制公司各办事处的场地租金和物业费用。

行政管理者要关注业务、了解业务，有“业务意识”，才能更好地支撑公司业务的发展，才能更好地体现行政部门的价值。

案例分享

××科技有限公司其中一项主营业务是“移动通信网络优化测试”，这项业务会用到大量的测试SIM卡和测试车辆。由于每天都要做大量道路测试，所以每年SIM卡的测试话费及测试用车加油费高达上千万元。作为行政管理者，我们要关注业务、了解业务，敏锐地捕捉到这些业务信息后，可以结合自己的专业知识想办法帮助业务部门降成本。我们可以和各大运营商商谈测试SIM卡的集团付费，公司一次性充值几十万元，运营商按1∶1配套赠送话费，这样单SIM卡测试话费这一项就可以为公司减少50%的成本，而这一项的成本一年可能就有几百万元。对于测试车辆，每辆车都需要加油，如果每辆车都单独加油，只能在当地油站开普通增值税发票，无法抵扣，行政管理人员了解到相关信息后，可以通过和中石化或中石油谈判，进行集中办卡和充值，同时要求相关供应商开具增值税专用发票，这样的发票就可以税前抵扣，每年可以为公司节约上百万元的费用。节约成本，意味着提升利润，行政部可以发挥更大的主观能动性，做出更大的贡献，帮助公司更好地发展。

二、服务意识

行政部门应该积极为各职能部门提供后勤服务保障，兢兢业业、认真细致地做好各种行政事务工作，把领导和员工从繁重、琐碎的行政事务和生活琐事中解脱出来，让他们可以集中精力思考公司发展战略、实施公司经营方针、解决公司重大问题以及专心做好每一笔重要业务。作为行政管理者，我们需要有良好的服务意识，用心服务好客户、服务好公司、服务好同事。

用心服务好客户。行政部的一项工作职责就是负责公司重要来宾的接待工作。为了树立良好的公司形象，规范来访接待程序，提高来访接待水平，我们可以通过建立《公司访客接待标准》来明确接待流程，做好车辆调度、食宿安排、礼品准备等，努力让我们的外部客户满意，因为客户是公司利润的直接来源，是企业的生存之本。

用心服务好公司。在不降低服务质量的前提下，我们可以采取各种措施降低公司运营成本，如根据各办事处实际情况优化调整各办事处办公面积来降低办事处运营成本，通过挂靠残疾人降低残障金缴纳，通过运营商集团付费降低测试卡费用，通过优化班车线路降低班车运营费用，通过节能灯具改造来降低电费，等等。我们可以引入外部资源/工具去提升工作效率、降低运营成本，如引入钉钉、员工福利平台、移动学习平台、阿里商旅、档案管理系统等。我们也可以采取各种措施来提升公司对内对外的形象，如公司介绍PPT美化、公司新版宣传册制作、领导艺术照拍摄、领导高档名片设计、公司网站改版、公司宣传片更新，等等。

用心服务好同事。我们可以给员工提供干净、整洁、舒适的办公环境，让他们更高效地工作；我们可以通过适度的投入去关爱员工，增强员工的归属感，如为员工购买团体意外险、建立重疾险团购平台、设立员工关爱基金、举行年度游园会和年度体检等；我们可以给员工提供便民服务，让他们把更多的时间花在工作上，如提供机票统一预订服务、公交卡代充值服务、眼镜清洗服务等。

三、风控意识

随着公司逐步发展壮大，公司运营过程中存在的风险隐患会越来越多，作为行政管理者，我们要有风险控制意识，通过提前谋划布局，管控好公司运营过程中的各种风险，让公司平稳健康地运行。消防安全无小事，加强消防安全管理是每个企业的头等大事，我们需要建立消防安全管理制度，定期进行安全检查，消除安全隐患，让公司平安运行。我们可以通过优化《员工手册》和《员工休假管理办法》、实施不定时工作制、制定针对新社保政策的应对指导方案，降低公司用工方面的风险。我们可以通过发布《信息管理制度》、签订《保密协议》和《竞业限制协议》，降低公司信息方面的风险。我们可以通过发布《印章管理制度》，明确不同印章的盖章审批流程，定期进行公司及子公司营业执照、印章清查，降低公司证照/印章使用方面的风险。

第二节　六种能力

一、专业能力

专业能力是指从事某种职业所特殊需要具备的知识、经验与技能。作为一名行政管理者，必须掌握一定的行政人事方面的专业知识和专业能力，以便为后面开展诸多工作打下基础。但在实际工作过程中又不能为了专业而专业，而应将掌握的专业知识与专业能力和企业实际情况相结合，输出符合现阶段企业实际需求的管理制度、工作流程和配套执行方案，以帮助企业提高效率、减少浪费、控制风险等，更好地发挥行政部门的价值。

行政管理者掌握了资产管理的相关专业知识，才能知道如何结合企业实际把公司资产梳理清楚并管理好，避免资产闲置或流失，提高资产使用效率。这些专业知识包括：如何进行资产分类，如何制定资产采购入库、领用归还、维修、盘点、丢失报废等管理流程，如何制作资产报表，如何制定资产管理制度，等等。

行政管理者掌握了企业文化的相关专业知识，才能知道如何结合企业实际让企业文化落地，增强凝聚力，提升管理效能。这些专业知识包括：什么是企业文化，企业文化的作用，如何提炼企业文化，如何宣传企业文化，企业文化的落地手段，等等。

行政管理者掌握了薪酬管理的相关专业知识，才能知道如何制定符合企业实际需求的薪酬政策和方案，从而更好地激励员工努力工作。这些专业知识包括：如何开展外部薪资调查及内部薪酬分析，如何制定薪酬管理制度及薪酬激励计划，如何设计公司薪酬结构，如何做好人力成本预算、核算、分析与调控，如何结合企业年度预算组织公司年度调薪工作，等等。

二、沟通能力

所谓沟通，是指疏通彼此的意见，即跨部门间的沟通和本部门内的沟通（包括你的下属、你的同事和你的上级）。公司是一个整体，你所领导的部门是整体中的一分子，必然会与其他部门发生联系，沟通也就必不可少。沟通的目的不是谁输谁赢的问题，而是解决问题，解决问题的出发点是公司利益，部门利益服从公司利益。部门内的沟通也很重要，下属工作中的问题，下属的思想动态，甚至下属生活上的问题，作为管理人员你需要了解和掌握，去指导，去协助，去关心。反之，对于你的领导，你也要主动去报告，报告也是一种沟通。

在工作中，沟通这一环节也尤为重要，特别是要掌握好沟通技巧。沟通是双向的，不仅是你对下级的关心和鼓励，也是下级向你反馈意见的另一种途径。在沟通中，双方可以放松身心地去交流，这样更利于工作的开展，收益也会更大，沟通过程中要学会善于倾听，倾听下属的意见和建议，加深了解，以便在以后的人员调配中能做到人尽其才，人尽其职。

三、组织协调能力

组织能力包括公司所拥有的一种反映效率和效果的能力。对于一个团队而言，建立一种能使员工为实现集体目标而在一起最佳工作并履行职责的正式体制，即组织体系，是实现目标的重要保证。因此如何建立组织体系，并规定体系中每个人的活动和相应的责任以及各项活动的关联规则将直接影响集体的行动效率和效果。建立科学、高效、合理分工、职责明确、制度健全的组织体系，是对行政管理者的考验和挑战。对于一个人来说，组织能力是指为了有效地实现目标，灵活地运用各种方法，把各种力量合理地组织和有效地协调起来的能力，包括协调关系的能力和善于用人的能力等。组织能力是一个人的知识、素质等基础条件的外在综合的表现。比如行政管理者在组织公司会议、团体比赛、旅游、小中大型内外部活动、周年庆典、年会等时都需要具备很强的组织能力，让每项工作井然有序、安全地开展。

协调能力就是正确处理公司内外的各种关系，为组织正常运转创造良好的条件和环境，促进组织目标的实现。主要涉及部门与部门的协调、上级与下级的协调、与政府相关人员的协调、公司内部与外部公司的协调等，落实公司规章制度，沟通内外联系，保证上传下达和下传上报，加强对外联络，拓展公关业务，保证部门之间及公司对外联系的通畅，更充分地形成良好的团队，提高合作效率。

四、管理能力

管理能力对于一个行政管理者而言，与专业能力是相对应的，当你的职位需要的专业能力越多，相对而言，需要你的管理能力就越少。反之，当你的职位越高，管理能力要求就越高，承担的责任也就越大。管理能力是一项综合能力，需要你的指挥能力、决断能力、沟通协调能力、专业能力、工作分配能力等。管理能力的培养不仅仅是我们在书本上学到的一些基本知识，更多的是我们在工作当中不断积累的经验，因此要提高你的管理能力，需要不断地反思你的日常工作，用你的脑袋时常去回顾你的工作，总结你的工作，在工作中不断地进取、探索、创新。

五、培养下属能力

作为一个行政管理者，培养下属是一项基本的、重要的工作。不管你所在的公司有多大，你要牢记你所在的公司是一个整体，要用团队的力量解决问题。很多行政管理者都不愿将一些事交给下属去做，理由也很充分，交给下属做，要跟他讲，讲的时候还不一定明白，需要重复，然后还要复核，与其如此，还不如自己做来得快。但关键的问题是，如此发展下去，你将有永远忙不完的事，下属永远做那些你认为可以做好的事。让下属会做事，能做事，教会下属做事，是行政管理者的重要职责，也体现了行政管理者的能力和境界。一个部门的强弱，不是管理人员能力的强弱，而是所有下属工作能力的强弱。

六、学习创新能力

当今的社会是学习型社会，当今的企业必须是学习型企业，对于我们每个人也必须是学习型主体。我们可以通过书本、网络、参加内外部培训来学习，也可以通过同行交流来学习，但更重要的是要学会在企业实践中不断地汲取经验，不断地提高自我。只有不停地学习，你才能更好、更快地进步，才能跟上、赶上社会的发展，才能不断地突破。只有不断地学习，才不会故步自封，才会在工作中不断地创新，才会给自己和企业带来更丰厚的收获。

公司是在变化中发展、在发展中变化的。作为公司的行政管理者，我们应该随着公司的发展变化不断地思考、不断地创新。这种创新，不一定是革命性的创新，可以是微创新。通过更新完善制度来解决公司的风险隐患，通过引入钉钉、阿里商旅、员工福利平台等工具来提升效率，通过同行交流引入别的公司好的做法，这些都是有利于公司发展的微创新。行政管理者要有创新意识，才能满足和适应公司不断发展变化过程中的要求，才能发挥更大的效能、创造更好的业绩和提供更好的服务。

第十二章　行政管理效率提升手段

行政管理效率，是指在完成企业既定目标的基础之上，投入的工作量和工作成果的比。如果企业的行政管理效率较为低下，那么就会使企业各部门工作僵化，不能有效地开展工作，而有较高行政管理效率的企业则会有序地运转，行业竞争优势较为明显。

如何用更少的人力、物力高质量地完成更多的工作，这是每个企业、每个管理者不断追求的目标，行政管理者亦不例外。那如何提升行政管理的效率？有什么行之有效的手段？这就是本章想要跟大家讨论的内容。

第一节　企业行政管理效率低下的原因

想要解决一个问题，那肯定要先了解问题产生的根源，这样才好对症下药，从根本解决。企业行政管理效率低下的主要原因有以下几点：

1.制度流程不健全

虽然行政部门都是从公司创立起一步步发展起来的，但是因为不是“创收”部门，所以很多公司在前期都不予重视，人员和资源配备都是得过且过，行政管理人员只想着把事情完成即可，疲于应付，所以无暇思考流程制度，很多事情都是发生后才去思考解决办法，陷入恶性循环，效率低下。

2.行政人员素质不高

部分行政工作人员的能力不强、素质不高，在遇到事情的时候怕负责任，只对那些符合自身利益的事情感兴趣，对于那些不符合自己利益的事情往往置之不理，这就直接影响到企业行政管理效率的提高。此外，一些行政工作人员由于自身知识能力存在着一定的欠缺，业务能力低下，服务意识也不强，这就使得很多管理工作不能得到有效的推行，进而遭到员工的排斥。所以，不积极，没有责任感，缺乏热情，得过且过的工作作风也直接影响着企业行政效率的提高。

3.缺乏良好的记录及反馈机制

行政工作事项非常繁杂，每天需要处理的细小事项非常多，这就容易导致遗忘。遗忘则意味着没有实施和反馈，降低员工满意度。而有些临近完成时间或者已到完成时间的工作经别人提醒再匆忙处理则会浪费更多的时间，同时打乱工作节奏，降低工作质量。

4.不能“与时俱进”

因行政工作大多是重复性的工作，有些行政管理者容易疲惫而不愿意去创新，一直依赖以前已有的方式去运转，不愿“轻易”改变。

第二节　提高行政管理效率的手段

一、建立健全行政管理的规章制度

企业行政管理规章制度的建立与完善能够有效地改善企业行政管理工作效率，企业必须要对行政管理制度予以完善，借助于规章制度和硬性规定的方式来推进行政管理效率的提高。如应当建立完善企业内部执行部门的岗位责任制、工作规范管理制度并确保其贯彻落实。通过相应规章制度的建立和完善，确保行政管理部门各项工作能够规范有序开展，为各项工作的开展指明方向，这种硬性的规章制度能够有效地保证行政管理工作人员工作的严谨性，调动其工作积极性，进而实现企业行政管理效率的提升。

首先，建立健全和认真执行行政部门的各项管理制度、岗位责任制度、工作程序以及一系列规范化表格、图表等，通过各项工作秩序的有机结合，从而建立起行政部门的法治秩序；其次，在企业发展的过程中，要想不断提高行政管理效率，必须加强行政管理法规的建设，健全必要的工作制度，以法律和规章制度的形式促进行政效率的提高。在企业发展中形成强有力的制度保证，为企业行政管理效率的提升提供强大的制度保障。

二、提高行政人员的素质

企业行政管理的高效率和高水平，离不开高素质的行政管理人员。企业中的每一个行政工作人员都应该努力提高自身的素质，不断提高自己的工作能力和水平。作为企业行政管理人员，不但要具备良好的心理素质、创新意识以及健康的身体素质，还要加强有关专业技术知识的学习，不断提高自身的专业技术实力。企业行政人员素质的提高可以使组织管理的有效性得到很大的提升，从而使企业行政管理的效率得到提高。

三、将简单重复的工作标准化

前面我们提到，基础行政从业人员素质偏低，主动思考和解决问题的能力较差，如果不对行政工作做一个梳理，执行者没有执行依据，就靠个人的理解去处理，可能会有一些亮点，但是更多地会出现各种问题，如行政人员对某一项事情的咨询没有统一口径的回复，可能会带有个人情绪让员工产生不满；每月需要提交的数据没有模板，令结果难以汇总，增加工作量。而流程制度不健全同样会导致类似的问题，行政部门不仅是服务部门，也是管理部门，在满足员工办公需求的基础上，也要对员工的行为进行约束，如果没有健全的制度和工作标准，便没有权限要求员工，会造成更多的矛盾。

以快递管理举例。在网购时代，无论是公司件还是员工私人件，公司每天都会收到大量的快递，如果要求快递员进入办公区，则会影响员工办公，如果要求员工每次都立马下来取快递，又会浪费员工的时间，所以很多公司都会让快递员把快递放入保安室或者前台。那员工是否可以直接进入保安室或前台拿快递？如何保证快递不被误拿错拿？如何让领取快递尽可能少地占用保安或者前台的时间？所以，第一，我们要明确快递管理的要求，规定领取时间段，并要求员工领取快递必须签字确认。第二，对于有不遵守要求硬要拿取快递的员工，需要教授给保安或者前台一套“话术”，如：“拿取快递签字是对您的快递安全负责，否则别人可以随意拿走您的快递，会给您造成不便”等，这样很多员工就能理解了，否则如果保安素质偏低，直接强硬地跟员工说不可以拿，就会给员工带来很不好的印象。

四、建立良好的记录及反馈机制

行政工作细碎烦琐，而员工的满意度就是通过日常的细碎烦琐积累起来的。对于基础行政员工来说，每天可能要收到几十条员工反馈的各种建议、需求等，都是一些日常琐碎事项，无需通过OA办公系统或者邮件说明，甚至走在路上就告诉你了，或者有人给某人反馈的问题并不是某人负责的，等等。针对以上问题，如何保证部门内的沟通顺畅？如何保证员工反馈的问题及时得到解决？上级如何快速地了解问题的解决进度？这就需要一套良好的反馈机制。

因为行政工作的特殊性，所以行政反馈机制需要灵活简单易操作，比如现在常用的共享文档，行政管理者制作一套反馈表格，执行员工将反馈的问题及时登记在上面，记录处理进度和责任人，避免遗忘的同时，上级也可以实时了解进度。

比如腾讯文档，它的特点是可以多人同时查看、同时编辑，页面和平时常用的Office页面相同，无需学习使用方法，打开即可上手，减少学习成本。根据工作要求制作表格后，将权限开放给需要编辑和查看的人员，即可做到实时管理。以下几个用于反馈跟进的表格供大家参考。

表12–1 行政部投诉建议跟进表

投诉/建议人	投诉/建议事件	投诉/建议时间	调查结果	负责人	解决方案	完成时间	是否反馈给投诉建议人	备注
张三	三楼灯泡坏	10月10日	属实	李四	更换灯泡	10月12日	已反馈	

说明：

1.对于普通维修类，三个工作日内完成并反馈；

2.对于大型维修类，在收到维修需求后三个工作日内给出维修方案和时间安排；

3.对于投诉类，在收到投诉后两个工作日内确认投诉合理性并给予反馈。

表12-2　行政部工作跟进表

工作项目	工作内容	安排时间	计划完成时间	跟进人	跟进完成情况	实际完成时间	备注
资产盘点	1. 发布盘点通知 2. 实施盘点 3. 制作资产盘点报告	5月1日	6月15日	张三	5月10日完成盘点通知发布	6月15日	
接待	××客户来访	5月5日	5月10日	李四	会议室接待物品已摆放完毕	5月10日	
……	……	……	……	……	……	……	

五、学会利用新工具、新方法

虽然行政工作相对琐碎，看似单一不变，但是通过新工具、新方法的引入，却可以大大地提高行政工作效率。

一是利用RFID技术提高资产盘点效率。资产盘点是每个公司的“老大难”，基本都是要一个个去资产面前确认，比如笔者以前曾任职的某科技公司，全公司有上万件资产，平时由一个资产管理员管理，每年进行两次盘点，出现一次盘三个月，隔三个月又要盘点的情况，这样既影响员工工作，资产管理员也非常辛苦，最终的效果也不好。如果我们不去了解新技术，那这样的状态就要持续下去了。

通过不断地关注市场上的新技术，同时与资产管理相关的供应商保持沟通，我们了解到RFID技术可以应用到资产管理上面。经过了解和比较，我们引入了该RFID资产盘点系统，经过一次盘点调试，最终实现一周内完成一次全公司的资产盘点，大大地提高了该项工作的效率。

二是利用会议室预定系统提高效率。随着公司人员不断地增多，会议室的配置相对紧张，员工使用会议室都要提前预定。以往预定会议室都是在会议室门上的预定表进行填写预定，且公司楼层较多，如果本楼层没有会议室就要跑去其他楼层寻找，非常耽误时间。

通过不断了解市面上的相关小软件，我们发现钉钉上面更新了免费的会议室预定软件“智能会议室”，可以把会议室信息录入系统，员工直接通过手机就可以直观地看到会议室空闲和配置情况，进行预定，此举对于新入职不了解公司会议室分布的同事也非常友好。

钉钉预定会议室，可以录入会议室照片，说明会议室位置、可坐人数、设备配置等，还可以显示已被预定的时间段。

按照平均每天有10人次的会议室预定，平均每人花费10分钟，即每天100分钟，一个月需花费4.58天的工时，通过此举，每人预定会议室仅需1分钟，提高效率的同时也提升了员工满意度。

第十三章　行政管理要会“省钱”

做行政有时候就像“居家过日子”，如何用最少的钱提供最好的“生活”质量，是所有行政人孜孜不倦的追求。行政管理如何“省钱”？如何从细小之处通过运用智慧去发掘省钱的办法？此章让我们一起来探讨一下。

第一节　通过预算管理省钱

预算管理是指企业在战略目标的指导下，对未来的经营活动和相应财务结果进行充分、全面的预测和筹划，并通过对执行过程的监控，将实际完成情况与预算目标不断进行对照和分析，从而及时指导经营活动的改善和调整，以帮助管理者更加有效地管理企业和最大限度地实现战略目标。

凡事预则立，不预则废，预算管理已经是现代化企业管理不可或缺的重要管理模式，对于行政管理也是一样。行政管理者要做好行政费用的预算管理，严格审批、实时监督、不断优化分析行政费用，将有助于控制公司整体行政费用的支出，帮助企业“省钱”。行政部门应该如何做好行政费用的预算管理？接下来，我们一起来看一下。

一、制定年度行政费用预算

在制定年度行政费用预算之前，行政管理者需要收集一些必要的信息，这些信息包括：

- 公司近三年的战略规划及本年度公司经营目标；
- 本年度公司对行政部的发展要求及绩效考核指标；

- 本年度业务部门的绩效考核指标；
- 本年度业务部门为了完成公司下达的绩效指标，对行政部提出的支撑要求；
- 上一年度行政部各项行政费用的预算金额；
- 上一年度行政部各项行政费用的实际花费金额。

行政管理者在明确了本年度公司经营目标、公司层面对行政部发展所要求的绩效考核指标、业务部门绩效考核指标、业务部门对行政部提出的支撑要求等信息，结合每年行政部门需要做的例行工作，即可制定出本年度的行政工作规划和计划，再结合上一年度行政部各项行政费用的预算金额和实际花费金额，即可制定出本年度的行政费用预算。

二、严格审批行政费用

完成年度行政费用预算制定，仅仅是预算管理的第一步，较为关键的是，在实际管理过程中，行政管理者要严格按照预算进行审批，避免随意审批预算外的费用，使得预算变成了“摆设”，那就没有意义了。

三、实时监督、不断优化改进

预算执行过程中的管理应当重点把握对执行过程的实时监督。一般而言，预算执行的过程或结果，反映了预算是否得到有效的贯彻和执行。因此，行政管理者对预算执行的评价和检查不能等到预算执行结束后才开始，而应当在预算执行的整个过程中实时监督，可以利用OA办公系统上的数据，定期统计已发生费用，和预算费用进行对比。在预算的执行过程中，应当力求及时对整个过程进行监督，分析预算执行的偏差及偏差产生的原因，追根溯源，找出偏差产生的原因，并探讨改进措施。只有如此，行政管理者才能更加准确地把握预算执行的效果，把握各种方案的执行情况，避免进一步扩大错误或损失。行政预算管理的有效实施，也必须充分调动各级责任人的积极性与创造性，强化其责任意识，形成预算执行与控制的责任体系，保证预算执行的进度和效果。

四、预算调整

预算一旦制定，就不应当轻易进行调整。因为行政管理者在编制预算时一般是建立在一定的假设基础上的，倘若所依赖的假设条件存在变化，那么就会导致预算产生偏差，所以预算的编制在起始阶段就应当特别注意考虑预算的调整，通常，如果日后在行政预算的执行过程中所发生的事项属于之前编制预算时考虑的范围之内，则不应当进行调整。一般而言，行政管理者不应当轻易调整预算，除非受到不可控因素的影响，其对行政部门原预算的执行产生影响较大，而且需要经过行政管理者和决策部门认可之后，才可以进行调整。通常情况下，行政部门调整预算的时间为半年一次，不宜过于频繁。

下面两张表格是一个科技型企业行政部门的年度行政费用预算表，供大家参考。首先对行政部门可能产生的费用进行分类，每项费用应填写费用说明，以便明确这项费用具体包含哪些费用小项，其次列出上年度各项行政费用的预算金额和实际产生金额，最后制定出本年度的行政费用预算金额。

表 13–1　某科技型企业行政部门的年度行政费用预算表

费用分类	费用说明	上年度预算金额	上年度实际产生金额	本年度预算金额
员工薪酬				
其中：工资	含基本工资、项目奖金、部门内部奖金、季度奖、实习生工资、节假日加班工资			
社保	公司为员工支付的养老保险费、医疗保险费、失业保险费、工伤保险费、生育保险费费用			
公积金	公司为员工支付的公积金费用			
奖金	只包含年终奖金			
离职福利	只含离职补偿（如代通知补偿金等），不含离职当月工资、津贴、奖金			

续表

费用分类	费用说明	上年度预算金额	上年度实际产生金额	本年度预算金额
员工福利				
其中：体检费	含年度体检费以及新员工入职体检费用			
员工餐费	含员工餐费补贴、节假日饭堂加班餐费、无餐费补贴人员餐费			
员工班车	接送员工上下班、加班租车费用			
部门活动费	包含全公司各部门活动经费			
员工保险	公司为员工支付的雇主责任保险等保险费用			
其他福利	包含下午茶、保安服装、月饼采购、公司组织集体活动费用、创新申报奖励、员工俱乐部、企业文化建设、员工关怀、高温费、取暖费、结婚生子礼金、年会费用等			
差旅费	出差期间因办理公务而产生的交通费、路桥费、停车费、住宿费等各项费用			
行政办公费用				
其中：物业水电	经营用水费、电费，经营场所的物业管理费、保洁费、垃圾处理费等			
房租	房屋场所，含办公用房、生活用房、营业场地等的租赁费用，以及生活所需的日常用品等费用			
办公费	指日常购买及后勤领用的办公用品(如饮用水、文件袋、文件夹、纸张、信封、墨粉、硒鼓等一切办公物料耗材)、书费等			
印刷费	公司期刊、宣传资料等的印刷费用			
维修费	包含房屋及建筑物的修缮费用，以及公司因设备损坏维修所产生的费用			

续表

费用分类	费用说明	上年度预算金额	上年度实际产生金额	本年度预算金额
通信费				
其中：个人话费	指公司为员工支付的话费补贴费用			
办公固定话费	指在公司固定办公场所使用办公室座机话费以及电话会议系统等产生的费用			
网络使用费	指在公司办公场所所使用的宽带、光纤等费用，包含网络会议系统费用			
广告宣传费				
其中：展览费	以公司名义组织参加国家或者其他国际展览的费用，如场地费用、劳务费、场地布置费用等			
广告宣传费	通过广告公司、专业媒体在电视、网站、电台、报纸、户外广告牌等刊登宣传，并取得广告业专用发票，以及宣传用品（如喷绘、写真、海报等）的制作费、商业性赞助费用、促销（推广）活动费（含场地、设备的租用费及人员劳务费、交纳的管理费）等			
业务招待费	业务关系人员的餐饮费、旅游费、娱乐费、礼品费、交通费、住宿费等费用			
会议费	包含会议场地租金、会议设施租赁费用、会场布置费用、参加会议差旅费以及其他支持费用			
租车费	当公司自有车辆不够用时租用外部车辆以及项目租车产生的费用			
汽车加油费	包含公司自有车辆以及租用车辆因办理公务而产生的车辆汽油费			
车辆运行支出	只包括公司自有车辆的年检费、维修保养费、保险费			
邮递及运输费	因交付货物产生的运输费用，以及邮寄公司文件资料等所产生的快递费用			

续表

费用分类	费用说明	上年度预算金额	上年度实际产生金额	本年度预算金额
折旧及摊销				
其中：折旧费	预算年度内各职能部门原有以及预算新增资产的折旧摊销由财务部统一计算填列，但费用归属部门为各职能部门			
摊销费	预算年度内各职能部门原有以及预算新增资产的折旧摊销由财务部统一计算填列，但费用归属部门为各职能部门			
中介机构服务费	含审计费、咨询费、认证费、律师费、年检费、会员费、检测费、派遣劳务管理费、临时员工调配费等各类中介机构服务费			
税费	含土地使用税、房产税、印花税等各类税费			
招聘费	公司用于人员招聘的各项费用，包括猎头费、内荐人员奖金、招聘场地的租赁费、招聘人员的差旅费以及在招聘类网站发放的广告、信息费用等			
缴纳残疾人就业保障金	根据地方有关法规的规定，按照年度差额人数和上年度本地区职工年平均工资计算缴纳用于残疾人就业的专项资金			
工会经费	主要指按每月全部职工工资总额的2%向工会拨交的经费			
培训费	含培训场地费用、培训机构服务费、培训差旅费等培训费用			
其他				
其中：出口服务费	指办理出口业务时支付给出口代理公司的服务及货运费用			

续表

费用分类	费用说明	上年度预算金额	上年度实际产生金额	本年度预算金额
电脑补贴	按照公司规定，对因工作需要自行购置笔记本电脑办公的员工给予的一定补贴的费用			
其他费用	指经营过程中不经常产生的其他费用			
费用合计				

表 13–2　资产支出预算

资本支出项目		资产名称	用途说明	上年度预算金额	上年度实际产生金额	本年度预算金额
固定资产支出	房屋及建筑物					
	小计					
	机器、机械设备					
	小计					
	运输工具					
	小计					
	电子、办公设备					
	小计					
	合计					
无形资产支出	土地使用权					
	其他					
	合计					
总　　计						

第二节 通过供应商管理省钱

日常行政管理过程中需要采购大量的产品和服务，对应非常多的供应商，如办公用品、办公家具、办公设备等采购供应商，保洁、绿化、保安、食堂、班车等外包供应商，装修、维修、维护等工程供应商。供应商管理对于行政管理者来说是一门必须会的技能，行政部门通过选择优质供应商、采购谈判、集中采购、业务外包等，可以为公司节省很多成本，帮助企业“省钱”。

一、选择优质供应商以节省成本

好的供应商对企业的成长是一个助力，不良的供应商则可能影响公司运营、造成公司商誉及财物的严重损失，因此选择良好的供应商便成为行政部门的一项重要课题。在选择供应商的过程中，我们需要注意以下几个方面：

（一）选择供应商的数量

在确定供应商的数量选择上，企业应综合考虑，既要避免单一货源，寻求多家供应，同时又要保证所选供应商承担的供应份额充足，以获取供应商的优惠政策，降低物资价格和采购成本。这样既能保证采购物资供应的质量，又能有利于控制采购支出，给企业带来最大的利益。一般来说，供应商的数量以不超过4家为宜。

（二）选择供应商的方式

总体上来说，选择供应商的方式分为招标采购和非招标采购，每类又可细分为多种方式。一般来说，采购数量大或金额高、供应市场竞争激烈时可以采取公开招标的方式，可以利用供应商之间的竞争来压低采购产品或服务的价格，帮助采购方以最低价格取得符合要求的货物；并且多种招标方式的合理组合使用，也将有助于提高采购效率和质量，从而有利于控制采购成本。

（三）选择供应商的标准

- **质量**：采购时首要考虑的条件，主要看供应商的质量控制能力、质量体系稳定能力，供应商所提供的产品必须能满足采购企业所期望的规格标准，产品质量好。

- **价格：**采购时考虑的重要条件，价格最低不一定最合适，需要综合考虑质量、交付时间等因素，在满足质量和交付要求的前提下选择价格低、服务水平好的供应商。
- **交付：**采购时考虑的重要条件，选择严格履行合同、能够做到持续准时交货的供应商。
- **付款条件：**分为月结、货到付款、全额预付款、部分预付款等，在满足上面三个标准的前提下，尽量选择付款周期长的，以减少企业的资金压力。
- **其他：**包括供应商的生产设备能力、技术能力、管理和组织能力以及财务状况等。

（四）选择供应商的方法

- 进行市场分析。采购人员应了解当前的市场发展状况、市场的主流。物料的供应源可能处于完全竞争市场（许多供应商）、寡头垄断市场（几个大的供应商）或者完全垄断市场（一个供应商）。进行市场分析可以帮助采购人员确定供应商数量的选择、权限与依存性的平衡点以及何种购买方法才是最有效的。
- 识别所有可能的供应商。寻找潜在供应商的信息来源很多，如通过互联网搜寻供应商网站、大型行业展览会或论坛、行业协会等。和现有供应商进行合作可以使采购企业减少评价新供应商能力所用的时间和资源，同时选择和现有供应商合作可以进一步稳固彼此的关系。当前的供应链管理也要求采购企业集中精力发展当前的供应商，加强和改进他们的能力。
- 对所有可能的资源进行预先筛选。采购企业可以根据一些简单的标准对其工艺能力、供应是否稳定、物料是否可靠、竞争能力如何等进行初步筛选，删除那些明显不合适的供应商，使供应商数目减少到足以满足用户需求的范围。
- 评估剩余供应商。一旦最初的筛选去掉了不胜任的供应商，采购企业必须决定如何评价那些剩余的相对合格的供应商。对于简单、低价值的采购，只要对获得的信息进行检查就足够了。而对于相对复杂、高价值的采购或重大品项的采购，采购企业需要对供应商进行实地考察。

- 选择供应商。这一阶段的活动很大程度上依赖于采购企业的采购项目，项目不同，步骤有很大差异。对于一般的项目，可能仅仅与供应商建立采购合同就行了，而对于重大采购项目，一般双方要经过详细的谈判，仔细磋商采购条款的细节，有时要经过多次谈判才能达成一致意见。

二、通过采购谈判降低成本

采购谈判是指企业为采购商品作为买方，与卖方厂商对购销业务有关事项，如商品的品种、规格、技术标准、质量保证、订购数量、包装要求、售后服务、价格、交货日期与地点、运输方式、付款条件等进行反复磋商，谋求达成协议，建立双方都满意的购销关系。通过采购谈判，可以争取保证产品质量、降低采购成本和采购风险等。

在采购谈判之前，一定要有充分的准备，设定合理的目标价格。对小批量产品，其谈判的核心是交货期，要求其提供快速的反应能力；对流水线、连续生产的产品，核心是价格。与供应商合作最终要做到的是互惠互利，如果一味地压榨，最终得到的肯定是劣质的产品和服务或者终止合作，所以一定要保证供应商有合理的利润空间，让他能够持续给你提供更好的产品和服务。同时，采购价格谈判是一个持续的过程，每个供应商都有其对应的学习曲线，在供货一段时间后，其成本会持续下降。与表现优秀的供应商达成策略联盟，促进供应商提出改进方案，以最大限度节约成本。实际上，每个供应商都是所在领域的专家，多听取供应商的建议往往会有意外的收获。曾有供应商主动推荐替代的原材料，如用韩国的钢材代替瑞士产品，其成本节约高达50%，而且性能完全满足要求，这是单纯依靠谈判所无法达到的降价幅度。通过策略联盟，参与设计，供应商可以有效帮助我们降低成本。

三、通过集中采购降低成本

集中采购是指同一企业内部或同一企业集团内部的采购管理集中化的趋势，

即通过对同一类服务、同一类物资进行集中化采购来降低采购成本，同时，也能达到提高采购工作时效的目的。集中采购其实就是集中时间、人力、需求进行统一采购。一般来说，由于集中采购的标的物数量及金额比较大，企业在谈判过程中可以增加与供应商谈判的筹码，以便取得比分散采购更多的价格折扣和更有利的附加条件，用规模效应实现节资和降低成本。行政部门所负责的采购项目中的某些标的物也可以使用集中采购来降低成本。

如某大型通信公司在全国各地做通信网络测试需要用到大量SIM卡，最初该公司业务部门要求各个项目组在当地办理SIM卡，按当地正常资费计费，项目结束后再注销SIM卡。集团行政部了解到相关情况后与业务部门沟通，在明确了各地项目组可以使用异地SIM卡后，行政部门统计分析了各个项目组使用SIM卡的数量及业务类型情况，并与集团总部当地运营商进行集中采购谈判。由于全国31个省市自治区项目组需要用到的SIM卡统一集中到集团总部当地办理，开通新卡量大幅增加，当地运营商为了承接这个业务给了非常多的优惠，经核算，该公司通过此项集中采购优化，每年节约上百万的SIM卡测试费用，且成为运营商的大客户，得到更加优质的服务，并节约大量办卡销卡的时间。

某大型科技公司在多地拥有办事处及子公司，人员较为分散，该公司经常邮寄文件，对时效性及安全性要求较高，80%以上都是使用顺丰快递，发货量很大，但是由于每个办事处的量并不是很大，所以顺丰快递并未给出优惠。集团行政部门将各地快递资源进行整合，联系顺丰总部销售人员进行集中采购谈判，以集团公司名义和顺丰总部签订了优惠协议，且可以和集团总部统一结算费用，避免各地付费的烦琐，在降低整个公司快递成本的同时减少了各地人工量。

四、通过业务外包降低成本

业务外包是指企业基于契约，将一些非核心的、辅助性的功能或业务包给外部的专业化厂商，利用他们的专长和优势来提高企业的整体效率和竞争力。通过实施业务外包，企业不仅可以降低经营成本，集中资源发挥自己的核心优势，更好地满足客户需求，增强市场竞争力，而且可以充分利用外部资源，弥补自身能力的不足，同时，业务外包还能使企业保持管理与业务的灵活性和多样性。

对于行政部门来说，将一些非核心的、辅助性的业务（如保洁、绿化、保安、班车等）外包，让专业的人做专业的事，也可以有效地降低成本、控制风险、提高效率。下面我们以保洁服务外包为例来介绍一下这一模式的具体优势：

- 企业保洁工作的成本不只是保洁员的人工成本，还包括招聘成本、培训成本、管理成本、保洁设备采购成本等隐形成本，算上这些隐形成本后，你会发现企业自己做保洁工作的成本并不低。比如保洁员招聘，由于保洁员待遇偏低、流动性大，保洁员流失后就要启动招聘补充工作，那就涉及招聘专员和行政管理者的招聘成本，而招聘专员和行政管理者的工资一般都是比较高的，他们要投入时间查阅简历、电话沟通、面试、走入职流程等，这些都是不小的成本，同时保洁员招聘补充到位也需要时间，不一定马上就能衔接上。而好的专业保洁公司一般都有自己的招聘渠道，拥有充足的人员储备，免去了企业经常需要招聘补充的工作量和成本。
- 优质的保洁服务是每个企业所希望拥有的，但优质的服务离不开专业的管理。保洁工作细致烦琐，看着简单实际复杂，需要专业的培训、丰富的经验、高效的管理、先进的设备等，这些都是只有专业公司才能做到的，而一个非专业公司是很难完成的。
- 用工风险对于每一个企业都是无时不在的，工伤、死亡、劳动纠纷等，随时都可能损害公司利益、影响公司发展，把这些风险转移给专业的第三方公司是一种明智之举。
- 最重要的是企业通过保洁服务外包这种经营方式，把保洁这一烦琐工作交给第三方公司负责，可以为企业管理层节省大量宝贵的时间，可以做更多更重要的事，可以为企业带来更大的效益和更多的发展机遇。

第三节　通过资源优化省钱

办事处、班车、变压器、快递、照明灯具、网络会议系统等都是有可优化的空间的，看似细小的项目，积少成多，都可以节约不少费用。下面给大家举例，希望大家能从中找出自己可以优化的选项。

一、通过优化调整办事处省钱

随着公司逐步发展壮大，一般会在全国各地甚至全世界各地设置办事处。但是，哪些地方需要设置办事处？应该设置多大的办事处？作为行政管理者，我们需要了解公司业务发展情况，适时调整各地办事处的设置及面积大小，在满足公司业务发展需要的前提下，合理控制公司各办事处的场地租金和物业费用。

某科技公司行政部每年年初都会梳理明确各地办事处设置的必要性及优化租赁面积大小。例如，行政部和业务部门沟通后发现该公司成都办事处周边的项目已完成并撤离，成都办事处工作人员极少，已没有设立的必要，所以牵头注销了成都办事处并优化了该办事处的行政人员，此项调整每年可以为公司节省费用13万元左右；行政部经过调研发现该公司西安办事处的个别研发项目组已撤离，人员减少，办公面积变大，存在一定的资源浪费，通过沟通协调将原本400多平方米的办公场地缩减为200平方米，此项调整每年可以为公司节省费用18万元左右。

二、通过优化调整班车线路省钱

某科技公司原有5辆班车，其中大巴3台，760元/台/天，中巴2台，630元/台/天。该公司行政部通过观察及数据分析发现每辆班车的班车乘坐率都不高，因为员工购买私家车的越来越多，很多员工都是自己开车上班。经过调研统计，行政部对班车线路进行优化调整，提高班车上座率，同时减少一辆大巴，此项调整每年可以为公司节省费用20万元左右。

三、通过注销变压器省钱

某科技公司总部建造办公大楼时是按照1000人规模建造，向供电局申请了两台630kVA的变压器，后来公司业务发生了很大的变化，总部员工缩减为300人左右，只要一台变压器就能满足电力负荷要求，而另外一台变压器暂时闲置，但是供电局还是要收取该变压器的基本电费约15000元/月，造成很大的资源浪费。该公司行政部了解到这个情况后及时注销了一台变压器，等以后公司发展需要了可以再重新办理开通业务，此项调整每年可以为公司节省费用18万元左右。

四、通过优化调整快递资源省钱

某科技公司一年的快递量很大，原先使用快递公司比较随意，后面行政部牵头对公司快递进行统计分类，并要求员工按照分类选择相应的快递公司，通过此种方式可以把某一类快递都集中到一家快递供应商。由于快递量很大，行政部和相关快递公司进行谈判，最后争取到了5%的前返优惠和统一月结，此项调整每年可以为公司节省费用2万元左右。

五、通过优化调整照明灯具省钱

LED灯泡在同等照度的情况下，比普通灯泡省电10倍左右。目前，很多办公大楼、办公区用的是普通灯泡，如果更换为LED灯泡照明，节省的能源是相当可观的。如某科技公司生产部办公区原先采用的是55W及9W的普通灯泡照明，行政部花费几千元将上述灯具更换为15W及3W的LED灯泡，此项照明灯具优化调整每月可以为公司节省电费1万多元。

六、通过优化调整网络会议线路省钱

某科技公司使用Webex网络会议系统，年初时经过评估分别预订了一条25人线路及一条50人线路，但是经过大半年的使用观察，发现同时使用50人线路的情况非常少，95%以上都是使用25人线路，行政部将Webex网络会议线路调整为2条25人线路，此项调整每年可以为公司节省费用1.5万元左右。

七、通过租赁打印复印机省钱

某科技公司一直使用自购打印复印机，自己购买墨盒并负责机器维护维修。经过数据统计，该公司一年打印复印约16万张，一年购买墨盒及维修机器的费用花费2万余元，而租赁打印复印机的费用是0.07元/张，全年打印复印16万张的费用仅需1.12万元，所以第二年行政部采用了打印复印机租赁模式，既避免了后续再次购置打印复印机，又可以每年为公司节省约8800元的打印费。

八、通过引入阿里商旅节省差旅费用

大部分企业虽然制定了差旅相关制度和标准，对差旅费用有一定的控制，但是还是会存在一些“漏洞”。比如，员工提交出差申请时，管理者和员工并不知道机票的价格，员工在预订的时候则不一定基于为公司省钱的方向去考虑，会造成一定的费用浪费。而利用阿里商旅可以实现机票酒店等差旅费用的管控。在阿里商旅中可以按照机票价格或折扣设置审批流，例如，6折及以下的机票由部门经理审批后即可出票，6折以上的机票需部门总监或副总经理审批才可出票；正常情况下员工通过阿里商旅预订机票需选择当天的最低价，如果没有选择最低价则需说明原因并走特殊审批流程。通过这些技术手段的控制，可以避免员工预订高价机票或酒店，从而节省差旅费用。

第四节　细微之处的省钱小妙招

一、办公用品不可以随便领取

一支笔，一卷胶带，一个笔记本……看似每个都不值钱，可是积少成多，如果使用量变大也是一笔不小的费用。但是如果对领取不加以约束，员工就可能随意浪费，比如签字笔随意丢弃，笔记本用到一半就丢弃等。为了避免此类情况，在新员工入职发放基本文具套餐后，后续如需领取常用文具，需用旧文具来换，比如领取笔芯要用旧笔芯更换新笔芯，笔记本要经检查使用完毕方可领用，电池需拿旧电池更换（同时避免员工随意丢弃电池，造成环境污染）等。这些方法并不会给员工增加工作量，反而会养成他们爱惜公司资产的习惯，同时为公司节约费用。

二、清洁用品循环利用

某科技公司的保洁人员每天上午10点和下午4点左右会清理员工座位的垃圾桶，有时候垃圾桶里面仅有几张揉皱的废纸，保洁人员依然把整个垃圾袋都

换掉，然后套进一个新的垃圾袋。该公司有300人，基本每个人的座位上都有一个垃圾桶，如果都这样换，每天要使用600个垃圾袋，主要是这600个垃圾袋大部分都是比较干净的，如果员工并未扔食物残渣，垃圾袋也未破损，只是一些纸皮等东西，保洁人员直接把垃圾倒出来即可，并不需要更换垃圾袋。通过和保洁负责人沟通，告知并监督保洁人员执行，后面每天真正需要更换的垃圾袋仅有100个左右，每天可以节约500个垃圾袋，这样既降低了成本，又环保。

三、控制空调开关

对于大型公共办公空间，每个人对温度的感知不同，总有人要开空调，有人要开窗，且在室外温度非常舒适的时候，可能个别人比较怕热或者怕冷，就要开启空调，造成很大的浪费。通过了解，中央空调总机可以整体控制所有空调，所以公共空间的空调由行政人员负责管理，每天了解当天温度，当室外温度高于26℃或低于16℃时方可开启空调，其他时间不允许打开。同时通过平时的活动给员工发放一些桌面小风扇等降温小物件，满足个别怕热人士的过度使用。

四、控制纸张浪费

虽然电子化办公已经全面普及，可是纸张的使用并未停止，企业经营管理过程中还是有很多环节需要使用纸张，而且很多同事也还是习惯将资料打印出来查看等，而打印过程中的错误打印也会造成大量的浪费。所以，纸张使用的控制，也是一笔不小的费用。

首先，需要在公司内部盘点，哪些环节可以取消使用纸张，改为电子化运行，比如一些申请单、一些审批表等，是否可以改为OA办公系统线上审批。

其次，检查各打印机是否有大量错打的纸张。如果员工未养成良好习惯，打印时不检查仔细就随意开始打印，经常出现打印错误的情况，会造成大量浪费。所以需要内部宣贯，提醒员工确认清楚再打印，并经常检查打印机废纸处丢弃的纸张中是否有打错的文件，提醒对应的部门反省。

最后，纸张要双面使用。对于不是发往客户处的重要文件，日常打印必须双面打印。

第十四章　行政管理要懂“花钱”

行政管理要会“省钱”，在不降低服务质量的前提下，尽量减少企业的运营成本。同时，行政管理也要懂“花钱”，来推动业务发展、提升内部效能、提高员工满意度。行政管理如何“花钱”，才能既体现部门价值又能得到上层领导的支持呢？此章让我们一起来探讨一下。

第一节　花钱助力业务发展

业务是公司生存和发展的基础，行政部门的一个重要职责就是助力公司业务更好地发展，所以行政管理者要积极关注业务、主动学习业务，了解公司业务发展的真实需求，“花钱”提供更有效和更接地气的服务来助力业务发展，只有这样才能更好地体现行政部门的价值。

我们可以在了解现阶段业务部门的项目招投标资质需求及未来几年支撑公司业务发展所需的资质需求后，提前谋划、布局，“花钱”申请到公司业务所需的资质来助力公司业务发展。我们可以“花钱”组织针对经营团队高管的沙漠徒步活动，通过该类活动来消除隔阂、增进感情、促进合作。我们可以“花钱”组织针对中层管理者的人才发展项目——领航计划，通过该类项目可以提升公司中层管理人员的综合素质，可以促进跨业务板块人员的融合，也可以为公司战略发展储备人才。

案例分享

策划举办网优节活动来助力业务发展

一、背景

某上市公司网络优化服务业务一年的营业收入接近3亿元，占公司总营业收入的40%左右，公司总员工2300余人，其中和网络优化服务业务相关的人员接近1400人。这些网优业务人员分布在全国各地200多个服务项目上，常年在外出差，非常辛苦，大部分人入职后就一直在本地项目上工作，从没去过公司总部，这些人员的归属感非常弱，同时由于网优服务业务竞争激烈，项目毛利率低，公司给网优员工的薪资竞争力偏弱，所以这些网优业务人员的流动性很大，需常年持续招聘补充，这给招聘带来了很大的压力。为了体现公司对网优业务人员的重视，增强网优人员的工作责任感、公司归属感及团队凝聚力，在通信行业内树立良好的公司形象，用企业文化、工作氛围等软实力来吸引外部网优人员，行政部门"花钱"策划并举办了"网优节"来助力公司网络优化服务业务的发展。

二、行动方案及效果

（一）寻找"网优男神"

通过OA办公系统、微信公众号发起寻找"网优男神"公告，网优同事们可以在自己的微信朋友圈上传自己或同事的照片、小视频，并以"××公司——××男神"命名，截止时间前，将集赞截图发至行政部工作人员，集赞最多的前10名，入选决赛，行政部将发布决赛名单，进入决赛的网优同事将本人照片，配上对网优工作的感想、总结等话语（30字以内）发至行政部工作人员，主办部门将在公司微信公众号上发起全民投票（参与投票的同事，投票成功后即可获得抽奖机会，有机会抽得精美奖品），得票最多者获得"网优男神"称号，最终胜出者将获得大奖一份。通过寻找"网优男神"活动让网优同事刷出存在感，让更多的人关注他们、了解他们、理解他们，同时通过微信朋友圈集赞活动，达到增加公司曝光度、扩大公司在行业内的影响力的目的。胜出者最终集到了1150个赞。

（二）发现金牌项目经理

公司每年200多个服务项目主要是靠100多个项目经理在管理，项目经理的管理水平会直接影响公司的业务收入和利润，所以行政部门在“网优节”期间策划举办了项目经理培训班，来提高项目经理的管理水平，从而帮助项目经理降低项目成本、提高项目质量。同时，网优服务部门成立出题小组，针对过去遇到的网优方面的管理难题，未来需要改善的管理环节，进行出题，在公司OA办公系统、微信公众号上进行公布，召集全体网优项目经理参赛，在规定时间前提交解决方案，由评委小组进行评比打分，评比出前12名，其中前3名为金牌项目经理，获得精美纪念品一套，第4~12名为优秀项目经理，获得纪念品一份。通过发现金牌项目经理活动，提升了项目经理的管理水平，同时成功树立了正面典型，主办部门除了公布比赛结果，还要牵头和业务部门沟通将集思广益整理的解决方案进行落地推广，从而助力业务更好地发展。

（三）网优节专属纪念品、活动经费及领导关怀

行政部定制了网优节专属纪念品：印有网优节主题的杯子，发放给全体网优人员。网优节期间，每个网优人员可享受50元活动经费，项目经理可用这笔经费来进行团建活动，以增强团队凝聚力。公司总经理给网优业务表现优异的员工写一封亲笔信，将亲笔信和奖杯、证书、活动纪念品统一邮寄给员工本人或员工家属，以体现公司领导对网优人员的关怀和重视。

（四）网优节微电影拍摄及宣传

行政部牵头拍摄网优节微电影：《有一种人，叫网优》。通过微电影体现网优人员工作、生活等各方面内容，期望引起所有网优人员的共鸣；通过微电影增进公司其他岗位同事对网优人员工作的了解，以便在后续的工作中给予他们更多理解与支持；通过微电影突出网优群体的社会价值，从而让更多人了解这个一直在背后默默付出的群体，增强公司网优人员的归属感和自我认可度。微电影拍摄完成后，通过腾讯视频、公司微信公众号、行业内知名微信公众号等渠道进行传播宣传，最终该微电影在腾讯视频上的观看人数达到7.1万人，公司微信公众号微电影单条阅读量达到创纪录的1.2万，行业内知名微信公众号阅读量接近3万，增加了传播率及公司曝光率，树立了公司正面公众形象，吸引外部网优人员加入公司，缓解公司招聘压力。

第二节　花钱提升公司形象

通过“硬件”提升公司形象。公司日常运营需要办公场地，客户、合作伙伴、政府领导等会到办公场地参观访问，办公场地的选址、空间规划布局、装修风格、绿化保洁等都会影响客户对公司的印象及实力评价。如果公司的主要客户是教育行业的学校，则此类客户相对比较看重公司实力，行政部门就要考虑“花钱”进行“硬件升级”来提升公司形象，例如，设计一个有科技感的展厅来展示企业文化内涵、品牌形象和产品优势，设计一个比较豪华的会议室来洽谈和签约，等等。客户在公司参观访问和洽谈中感受到了公司的雄厚实力，才会放心合作。

通过“软件”提升公司形象。“软件”涉及的范围比较广，如公司网站、公司宣传片、公司宣传PPT、公司宣传册、公司VI系统、公司名片、保安保洁管理制度、前台工作流程及标准、来访接待流程及标准等，这些都会影响公司对外的形象。行政部门要把握好节奏，在合适的时间“花钱”做合适的“软件升级”来提升公司形象。如果日常客户接待比较多，那么行政部门就有必要建立公司访客接待工作标准，规范来访接待流程，提高来访接待水平，展现良好公司形象。此外，高管的形象也代表了公司的形象，行政部门可以通过拍摄高管艺术照用于日常宣传、制作高管高档名片等方式来提升高管形象，进而提升公司形象。

通过宣传提升公司形象。行政部门可以“花钱”建立一些渠道进行对外宣传来提升公司形象，这些渠道包括公司网站、公司微信公众号、行业媒体等。通过公司网站或微信公众号，我们可以发布上市公司年报信息摘要及重大事项进展，增强投资者对公司未来发展的信心；我们可以宣传公司承担社会责任的活动，如参与政府组织的慈善活动、扶贫捐款、在高校设立奖学金等，树立公司正面公众形象；我们可以宣传公司企业文化，如企业愿景/使命/核心价值观、企业文化主题活动、新春游园会、生日会、部门团建活动等，对外展示公司文化及员工风采。此外，假如公司从事的是面向大众的教育业务，客户对我们不了解，想要取得客户的信任，我们就要做好“引导”客户的工作，此时如果有行业媒体的“背书”，那么就容易取得客户的信任，所以我们可以“花钱”定期在行业媒体投放公司教育业务方面的文章，通过这种方式来做“品牌沉淀”和“媒体背书”，潜在客户通过搜索引擎找到我们的时候就能看到这些提前准备的正面信息，这样既有利于公司业务，也有利于公司形象；同时，我们也可以利用行业媒体宣传上一节所说的“网优节”等活动，来增加公司的曝光率和提升公司的行业影响力。

案例分享

说说企业展厅那些事

企业展厅是借助先进的数字科技手段，通过人们容易接受的方式，如震撼的视频、音频和人机互动的高科技手段，将良好的企业信息有效地传达给大众，让人们能够信赖该企业。企业借助企业展厅这个展示平台，可以将自己的发展历程、企业文化内涵、品牌形象、产品优势等全方位展示给目标客户，能够很好地提升企业品牌形象，更好地帮助企业在客户心中留下好印象。

随着时代的发展，企业展厅已经成为有实力企业的标配，如果日常客户接待比较多，行政部门就要考虑花钱去打造一个具有科技感的企业展厅，通过展厅大气的设计、高科技展项的使用带给客户一种震撼的感觉，全方位展现公司实力和形象，促成更多的交易机会。

下面以一个科技型公司的展厅为例，介绍一些企业展厅设计方面的经验：

一、选择合适的供应商

企业展厅的设计是专业性较高的技术活，其中涉及文字提炼、方案创意、高科技展示手段运用等，所以选择一个靠谱的、合适的供应商就显得非常重要。优秀的展厅供应商会在展厅设计过程中充分利用每一寸空间，将空间利用程度最大化，会给我们很多创意方案和思路，会用他们的经验弥补我们的空白。总之，一个优秀的展厅供应商能让我们事半功倍。

二、明确企业展厅的定位和受众人群

设计企业展厅，我们首先要明确定位和受众人群，即为什么要做这个展厅及这个展厅是做给谁看的。是给政府领导展示企业形象的“宣传平台”？是给专业客户展示企业专业实力的“展示平台”？是和目标客户促进合作交流的“会客平台”？还是三者合一？政府领导的视察与到访，将为企业发展赢得更多的政策扶持与关注，助力企业稳健成长，所以如果我们的受众人群是政府领导，则企业展厅应集中展示企业的整体品牌实力，包括企业整体形象、未来发展潜力等，以高度概念化的品牌形象让政府领导留下深刻印象。如果我们的受众人群是目标客户，则企业展厅应全方位展示企业的发展定位、产品优势、荣誉资质、发展潜力等内容，增强目标客户与企业开展各类业务合作的信心。

三、明确企业展厅的展示内容和展示手段

在明确了企业展厅的定位和受众人群后，我们接下来要规划展示内容和展示手段。展示内容一般分为：企业篇、业务篇、战略篇。

企业篇主要展示企业总体概况、企业文化、企业实力相关的内容，如企业展厅序言、企业发展历程、企业愿景/使命和核心价值观、企业所获得的资质/荣誉/专利，等等。展示手段要尽量多元化，让参观者感觉不单调，提起参观企业展厅和了解该企业内涵的兴趣，例如，“企业概况总览”这个环节可以通过数字影院影片对企业进行宣传，这种沉浸式的大屏幕影院效果将会给观众一个视觉听觉上的震撼；“企业发展历程”这个环节可以通过时间轴的方式进行展示，在重要的时间节点上展示重要的大事件，图文并茂，简洁明了；“资质/荣誉/专利”这个环节可以设置造型展台陈列企业所获得的重要资质证书、荣誉证书、奖杯奖状，可以设置“专利墙”来展示企业获得的专利，增加实体感和真实感。这些不同展示手段的结合不仅体现了展示形式上的多元化，也体现了企业的用心和创造力。

业务篇主要展示企业业务相关的产品、服务和解决方案，可以根据企业所从事的业务，划分多个业务领域向观众进行展示。展示手段也要尽量多元化，如展板图文、公司产品实物、公司业务介绍影片、触控交互系统、互动投影、全息成像系统、模拟课堂、VR虚拟现实体验等，每一种业务可以选择一种合适的展示手段，也可以选择多种展示手段相结合。通过融入更多高科技的设计，让整个企业展厅有一种现代高科技的感觉，加深观众对公司业务的了解，彰显企业实力，增强客户和企业合作的信心。

战略篇主要展示企业的社会责任、全球布局、合作伙伴和未来展望，主要

目的是让观众了解企业具有社会责任感，在全球或全国的业务布局及未来发展规划，增加观众对企业未来发展的信心。

四、明确企业展厅的场地大小

在明确了企业展厅的定位、受众人群、展示内容和展示手段后，我们还要预估同时进入展厅参观的人员数量，设计整个展厅的布局和参观人员流动线，以上这些要素决定了企业展厅需要的场地大小。

五、企业展厅预算管理

企业展厅的设计和施工需要资金投入，所以行政部门要预估启动企业展厅项目所需要的资金情况，在做部门年度费用预算时预留好这一块的费用，以便在项目实施时资金能够及时到位。同时，随着项目的推进和设计方案的逐步明确，费用预算应该是在不断调整的。

第三节　花钱提升效率

行政部门可以通过引入一些免费或收费的工具，来提升工作效率，这些工具包括钉钉、员工福利平台、阿里商旅移动差旅服务系统、RFID资产盘点系统、Webex网络会议系统、REMI会议室预定系统、魔点访客管理系统、档案管理系统等。

钉钉是阿里巴巴集团专为中国企业打造的通信、沟通和协同的平台，帮助中国企业通过系统化的解决方案（微应用），全方位提升中国企业的沟通和协同效率。我们可以利用钉钉作为公司内部的办公系统，在电脑端和手机端实现考勤、签到、日志填写、公告发布、审批（请休假、采购、付款、报销等）等功能，从而实现电子化和移动办公，提升企业办公效率；我们可以利用钉钉作为工作上的有效沟通工具，无须保存同事手机号码就能快速找到沟通对象，有重要事情可直接给上级或下级发消息，他们“已读/未读”能清楚地从软件上看到，未读消息还可转DING通知对方，钉钉可以帮助我们提升企业内部的沟通效率；我们可以利用钉钉的“DING一下”功能来群发通知，节假日放假通知，紧急事情公告，一键群发，所有人第一时间可收到，支持电话、短信、应用内三种通知方式，无论对方是否安装钉钉，都能第一时间传达，“DING一下”功能可以极大地提高日常通知的效率。综上所述，引入钉钉可以帮助我们降低办公成本、提高工作效率。

公司内部会涉及很多的福利，如中秋月饼、端午粽子、生日礼品、餐食补贴、交通补贴、通信补贴、电脑补贴、加班补贴、导师奖励、内训师奖励、内部推荐奖励等。实物礼品需要行政部门专门安排人去挑选、邮寄或现场发放，工作量较大且众口难调；补贴或奖励如果放在每月工资中发放，则会增加员工的个税，员工实际拿到手的就少了，所以有些公司会采用线下定期（如按季度）兑换物品（如京东购物卡、话费充值卡、加油卡等）的方式来避税，但这种线下的操作方式会增加相关行政人员的工作量，同时员工可兑换的物品和时间都是受限的，员工感受也不好。针对这种情况，我们可以考虑引入类似“中智关爱通”的员工福利平台，此类员工福利平台对接京东商城、苏宁易购、网易严选、百果园等各大平台及自营几十万种厂家直销具有较大价格优势的商品，提供线上线下、全品类商品、虚拟卡券等多种消费渠道和应用场景，充分满足员工的各种需要。企业搭建员工福利平台后，可以将上述所有的福利项通过积分的方式由专人批量汇总审批后导入到该平台的员工账户中，员工可以自由兑换所需物品，这样既提高了员工满意度，又减少了行政人员的工作量，大大提升了员工福利相关工作的效率。

阿里商旅是阿里巴巴旗下移动差旅服务品牌，为广大中小企业和机构客户提供商务旅行相关产品与服务，阿里商旅深度融合了钉钉智能办公协同平台、依靠阿里巴巴技术能力、整合飞猪的供应链资源，为企业打造贴合差旅场景的智能服务。利用阿里商旅，可以方便员工预订机票酒店，可以方便领导审批并缩短审批时间，可以实现机票酒店等差旅费用的管控。在阿里商旅中可以按照机票价格或折扣设置审批流，例如：6折及以下的机票由部门经理审批后即可出票，6折以上的机票需部门总监或副总经理审批才可出票；正常情况下员工通过阿里商旅预订机票需选择当天的最低价，如果没有选择最低价则需说明原因并走特殊审批流程；利用阿里商旅的企业支付功能，员工预订机票或酒店直接通过企业付费，减少员工出差所需的借款、报销、审批等工作程序，大大提升了企业差旅相关工作的效率。总之，利用阿里商旅这个移动差旅服务工具，可以实现一站式的差旅预订和全流程的差旅管控，既能提升机票、酒店等差旅服务的预订和审批效率，又能实现差旅费用的有效控制。

案例分享

利用OA办公系统，提升企业办公效率

办公自动化（Office Automation，OA），是将计算机、通信等现代化技术运用到传统办公方式，进而形成的一种新型办公方式。办公自动化利用现代化设备和信息化技术，代替办公人员传统的部分手动或重复性业务活动，优质而高效地处理办公事务和业务信息，实现对信息资源的高效利用，进而达到提高生产率、辅助决策的目的，最大限度地提高工作效率和质量、改善工作环境。集团公司部署OA办公系统，可以实现集团公司本部与下属企业各单位办公事务的在线协同处理，提高了集团公司整体办公效率，实现了资源信息化、传输网络化、办公自动化及决策科学化。

OA办公系统极大地满足了人们对企业办公自由、便捷、高效的需求，尤其是市场竞争激烈的今天，专业的业务管理系统，往往是提高公司效益和竞争力、提升企业发展速度最有效的解决方法。OA办公系统可以在以下几个方面帮助提升企业办公效率。

1.规范审批流程，提高审批效率。

流程审批是企业不可避免的办公需求。以往企业的各种审批流程，如请休假、采购、付款、借款、报销等，都是员工通过纸质文件层层递进、层层审批，遇到领导出差或者不在办公室，就没有办法进行审批，个别流程还会被“耽误”。而OA办公系统通过对流程的分类别处理，将纸质的审批单据电子化和模版化，将人工审批流程、业务催办督办网络化和自动化，实现网络办公、移动

办公，有效避免了大量的流程堆积，既优化了企业工作岗位、减少人员投入，又减轻了领导的信息处理压力，从而全面提升审批效率。

2.让工作任务有迹可循，避免消极怠工和扯皮推诿。

以往的协作模式大多都是文件下达或者口头分配，协作过程中出现分歧时无法及时得到处理，而通过OA办公系统分配任务，可以清晰地看到每一个任务的进度，无论是谁、何时做出什么操作，系统都会记录着，从而避免了协同工作中权责不明、互相推诿等现象。通过OA办公系统的计划管理模块，可让员工把精力投放到重要事项中去，如通过月计划、周计划、月总结、周总结、日志等安排不仅确保了员工工作的有序进行及领导对下属工作的有效评定、查询，也确保了企业执行力的落地，让工作有迹可循。

3.实现信息快捷发布。

通过OA办公系统模块中的通知、公告、论坛、问卷等工具，可将经营中每天产生的大量信息分门别类、及时地传达给相关部门、相关员工，实现人与系统间的信息互动，及时将系统中的信息变更、待办工作等进行在线提醒。

4.实现办公高效协作和沟通。

OA办公系统通过部署各种信息化的沟通工具，如即时消息、邮件、协同工作、论坛、通知、公告、关联人员等，帮助企业管理者和员工之间及时地做更多、更广泛、更有效的沟通和协作。

5.打破信息孤岛，实现资源互通。

企业相关信息在传递过程中，由于各种应用间缺少统一的规划，难免会阻碍企业间的信息沟通交流，降低办公效率。OA办公系统由于其信息和资源的共享性，通过数据交换、采集、组织、打包，并通过应用门户向所有使用OA办公系统的企业员工按其权限提供信息服务，打破信息孤岛，实现信息在不同系统间的推送、共享和调用。

6.通过知识存储管理加强员工学习认知能力。

知识管理是企业管理的一项重要内容，是企业管理技术、思想经验、文化、价值的展现，也是企业发展的重要见证。通过OA办公系统的知识管理模块，可实现知识的采集、分类、沉淀、分享、学习和持续创新，从而方便员工快速查找到自己需要的文档、资料，提升知识的开发和利用效率。

总之，建立或引入一款好的OA办公系统对企业的积极作用是巨大的。不仅可全方位予以企业管理升级，有效提高企业的办公效率，还可以让管理层和员工的工作更加默契，提高员工的团队意识，贯彻企业的价值观，增强企业的竞争力。

第四节　花钱关爱员工

员工是企业的宝贵财富，是企业实现可持续发展的重要贡献力量。任何企业的成功离不开员工的贡献。同时，企业的成功和发展也促进了员工个人价值的实现。只有真正在实际行动中做到关爱员工，让员工有认同感和归属感，为员工的个人价值实现提供广阔的发展平台，企业才能充满活力、和谐有序地持续发展。

一、关注员工身体健康和心理健康

企业要关注员工的身体健康，可以为员工提供体检的机会，建立健康档案，每年可以让员工进行一次体检，以便早发现早治疗。企业可以积极探索“以防代治”，充分调动健康行业、保险行业资源，开展“健康积分制”试点，牵引员工主动投入到健步走、慢跑、瑜伽、游泳等运动中，以自己的健康行为换取健康主题产品或服务激励，如健康餐、健康饮品、健康保险等，吸引员工热情踊跃参与，践行“我的健康我做主”的健康管理理念。

现在的上班族普遍都扛着巨大的工作压力，容易出现情绪病或心理病，企业也应该要及时关注员工的心理健康。企业可以通过压力测试问卷，定期让员工对心理健康状况做评估以及获得健康指导；有条件的企业，也可以设立心理咨询室和心理咨询热线，及时帮助有需要的员工或员工家属，建立起员工及家属的心理安全屏障。

二、关注员工个人成长

职业发展规划是企业和员工长期利益的统一，每一家具有高度责任感的企业都有义务为其员工指明职业发展方向，设计职业发展通道，让员工清晰了解，留在企业可以通过努力达成晋升或者提薪的目标，付出的每一滴汗水都是有价值的，使员工看见个人发展的希望，实现人才的长期稳定性。

企业也应该鼓励员工在不影响本职工作的前提下，利用业余时间继续深造，不断提高专业技能，并配套出台相应的在职学习奖励政策。例如，对于公司业务发展需要的必备证书，员工参与考试并拿到证书后，公司报销所有的费用；对于和本职工作有关的素质提升类证书，员工参与考试并拿到证书后，公司可以报销总学费的50%；对于和本职工作相关的本科、研究生学历提升学习（如：管理人员参加MBA或EMBA学习），员工在毕业并拿到相关学历后，公司可以根据级别报销总学费的50%~80%。

三、关注员工保障

企业员工作为社会的一分子，会面临各种风险，有时一个风险的来临会直接击垮员工或员工家庭，而企业建立完善的保障体系就能够解除员工的后顾之忧，有助于吸引优秀人才，激发员工的积极性和创造力，帮助企业持续健康发展。在员工保障方面，首先，企业要做好法律规定的社会保障，如给员工缴纳养老保险、医疗保险、工伤保险、失业保险和生育保险等社会保险，在这个基础上企业可以为员工购买团体意外伤害险，作为社会保险的一个补充，以增加员工发生意外伤害后的理赔金额；其次，企业可以设立员工关爱基金，避免员工因遭受重大意外伤害、身患重大疾病等原因而家庭生活困难，通过构筑抵御困难的防线，使企业员工在面临重大变故时能够安心工作、幸福生活；最后，企业可以组织一些活动去提高员工的保险保障意识，引导他们重视和规划自身及家人的保障（如给自己及家人购买重疾险或医疗险等），企业还可以利用保险行业的资源为员工搭建一个重大疾病险的团购平台，减少企业员工购买重疾险的费用支出，有条件的企业可以给购买重疾险的员工一定比例的费用支持。通过这几种不同类别的保障机制紧密结合，可以有效解决员工保障问题，为员工保驾护航。

案例分享

××科技公司设立员工关爱基金

一、背景

随着公司发展壮大，公司人员越来越多，同时重大疾病呈现年轻化的趋势，公司员工及家人得重大疾病的概率也越来越大。2013年××科技公司员工刘某患白血病，工会组织全员捐款，共募得款项约14万元；2014年××科技公司员工毛某的母亲、儿子身患重病，导致家庭生活困难，工会组织各部门捐款，共募得款项约2万元。随着此类事件越来越多，公司员工的捐款动力在逐渐转弱，企业需要设立一种保障机制以便能可持续地支援真正需要帮助的员工。为充分体现××科技公司大家庭的温暖，增强企业的凝聚力，避免员工因遭受重大意外伤害、患重大疾病等原因而家庭生活困难，通过构筑抵御困难的防线，使大家在面临重大变故时能够安心工作、幸福生活，特设立××科技公司员工关爱基金。

二、关爱基金基本情况

员工关爱基金采取的是以公司工会捐赠为主、员工互助和捐赠为辅的形式，将基金收入集中管理，使其成为公司员工爱心互助，健康平安生活的有力保障，同时发挥一定的社会公益效益。员工关爱基金坚持以下原则：救急不救贫原则，透明公开原则，逐级申报、集体讨论原则。

截至2014年底，公司工会账户资金余额约100万元，工会账户资金只能用于覆盖到全员的福利及活动，经过和市总工会沟通，员工关爱基金符合工会账户资金用途，所以公司工会在关爱基金成立之日注入启动资金30万元，并在每年年底根据基金的使用情况及捐赠情况适当注资，基金封顶为50万元。除了工会注资这一资金来源之外，工会每年都会牵头组织捐赠宣传活动，接收公司全体员工的爱心捐赠，增加资金捐赠的渠道，使更多公司的员工受益。关爱基金由公司工会账户管理，专款专用。每一次的救助信息会及时公布，且每年年初通过OA办公系统向全体员工通报上一年度基金收支情况，接受全体员工监督。

三、关爱基金的管理机构和职责

（一）管理机构

管理机构为员工关爱基金管理委员会，该机构设立会长1名、委员4名（其中工会委员至少2人，除工会委员外的其他职工代表至少1人，总监级或以上管理人员代表至少1人），任期与工会委员会任期相同，并适时增补委员会空缺人员。委员会的候选人包含工会委员会全体委员、职代会职工代表、公司总监级以上管理人员，换届及补增委员选举由工会委员会提名，职代会投票表决产生。

（二）职责

1.制定和修订关爱基金有关规定；

2.受理、审核员工的关爱金申请，审批申请对象及关爱金额；

3.审核关爱基金收缴、使用和管理情况；

4.接收各类捐赠；

5.接受监督，确保关爱基金使用的公开、公正和合理。

四、关爱范围和补助标准

（一）补助范围

1.本基金中的员工是指与公司或全资子公司签订正式劳动合同的在职员工，不含离职员工或退休员工（退休返聘除外）；

2.员工身患重大疾病（指《重大疾病保险的疾病定义使用规范》中规定范围）或发生重大意外伤害（参考国家伤残等级评定标准中的1~8级情况），需花费较大医药费、住院治疗费导致家庭经济负担过重、生活困难的；

3.员工直系亲属（指员工配偶、子女、父母）身患重大疾病（指《重大疾病保险的疾病定义使用规范》中规定范围）或发生重大意外伤害（参考国家伤残等级评定标准中的1~4级情况），需花费高昂医药费、住院治疗费导致家庭经济特别困难的；

4.公司已为全体员工购买社保和商业意外险，员工或员工直系亲属身患重大疾病或发生重大意外伤害需优先从社保、商业保险、其他机构捐赠中支付相关费用，本基金中自付费用是指员工或员工直系亲属身患重大疾病或发生重大意外伤害后产生的治疗费用总额去除从社保、商业保险、其他机构捐赠等方式获取的资助后的个人支付总额；

5.基金管理委员会认为有必要进行救助的其他情况。

（二）补助标准及申助需提交的资料

1.员工经医院确诊患有重大疾病或发生重大意外伤害的，关爱基金一次性给予慰问金5000元，仅需提供诊断证明；

2.员工患有重大疾病或发生重大意外伤害住院治疗给家庭造成严重经济负担的，可在5000元慰问金基础上第二次申请关爱金救助，具体救助金额由基金管理委员会根据员工所患疾病或意外伤害程度、家庭经济状况及其他资料讨论确定，需提供《××科技公司员工关爱基金申请表》；

3.员工患有重大疾病或发生重大意外伤害住院治疗自付费用在5万元（含）以上，并给家庭造成严重经济负担的，可以再次申请关爱金救助，具体救助金额由基金管理委员会根据员工个人自付费用总额、家庭经济状况、曾向公司关爱基金捐款情况及其他资料讨论确定，救助金累计最高不超过15万元，需提供资料：医院就诊、住院的医药费发票复印件、住院卡、致残诊断证明或医院死亡通知书以及基金管理委员会认为有必要提供的其他第三方相关证明材料等；

4.员工家属患有重大疾病或发生重大意外伤害住院治疗自付费用在6万元（含）以上，并给家庭造成严重经济负担的，员工可申请关爱金救助，具体救助金额由基金管理委员会根据员工家属个人自付费用总额、家庭经济状况、员工曾向公司关爱基金捐款情况及其他资料讨论确定，最高救助金额不超过5万元，需提供资料：医院就诊、住院的医药费发票复印件、住院卡、致残诊断证明或医院死亡通知书以及基金管理委员会认为有必要提供的其他第三方相关证明材料等。

五、救助申请程序

首先由员工或员工所在部门提出申请（××科技公司员工关爱基金申请表），并附上相关资料和证明材料，报基金管理委员会审批，审查确定后，办理有关财务手续。

六、注意事项

若在申请补助过程中有隐瞒社保和商业保险、多报个人自付费用等弄虚作假和欺诈行为者，或因打架斗殴、自杀、自残、违法犯罪行为而造成残、亡或由于员工受益人故意行为造成残、亡者，不能享受补助。

第十五章　行政管理要能“赚钱”

行政管理要会“省钱”，行政管理要懂“花钱”，行政管理也要能“赚钱”。行政管理如何为公司“赚钱”，此章让我们一起来探讨一下。

第一节　通过申请企业资质赚钱

企业资质就是公司符合相关行业规定，证明自身生产等能力的相关文件、证件。企业资质一般有两种：一种是经营类资质，如企业法人营业执照、税务登记证、高新技术企业证书、国家规划布局内重点软件企业证书、AAA银行信用等级证书、守合同重信用证书等；另一种是业务类资质，如信息系统集成及服务资质、涉密信息系统集成资质、通信工程施工总承包资质、通信信息网络系统集成资质、互联网信息服务增值电信业务经营许可证、劳务派遣许可证、CMMI成熟度等级证书、ISO 9001质量管理体系认证证书、ISO 14001环境管理体系认证证书、ISO 27001信息安全管理体系认证证书、ISO 45001职业健康安全管理体系认证证书、SA 8000社会责任管理体系认证证书等。

经营类资质中，有些是企业经营所必需的，如企业法人营业执照、税务登记证等；有些是可以帮助企业少缴税的，如高新技术企业证书、国家规划布局内重点软件企业证书等。高新技术企业一般是指在国家颁布的《国家重点支持的高新技术领域》范围内，持续进行研究开发与技术成果转化，形成企业核心自主知识产权，并以此为基础开展经营活动的居民企业，是知识密集、技术密集的经济实体。经认定的高新技术企业，可以享受税收减免优惠政策，企业所得税税率降低10%，可执行15%（认定前25%）的优惠税率。如果企业被认定为国家规划布局内的重点软件企业，则当年未享受免税优惠政策的减按10%的税率征收企业所得税。行政部门通过资质申请，将企业所得税税率由25%降为15%或10%，让企业合法少缴税，其实就是变相为企业“赚钱”。

业务类资质中，有些是业务发展必须要有的资质，如果没有，企业就无法承接这一块的业务，如做公安或部队的业务，就必须要有“涉密信息系统集成资质”，做一些金额较大的通信工程项目，就必须要有“通信工程施工总承包资质”，做劳务派遣业务，就必须要有“劳务派遣许可证”；有些是加分项资质，如果有，就可以在项目招投标中加分，分数越高，也就意味着拿下这个项目的可能性越高，如：ISO 9001、ISO 14001、ISO 27001、ISO 45001、SA 8000等。行政部门通过提前谋划、布局，及时申请到公司业务发展所需要的资质，从而让公司可以从事新的业务、承接新的项目，或通过资质加分，增加项目中标概率，就是变相为企业“赚钱”。

拓展延伸

高新技术企业申报流程及注意事项

一、高新技术企业的定义

在《国家重点支持的高新技术领域》范围内，持续进行研究开发与技术成果转化，形成企业核心自主知识产权，并以此为基础开展经营活动，在中国境内（不包括港澳台地区）注册的居民企业。

二、认定为高新技术企业的好处

（一）税收减免

自企业认定为高新技术企业（以下简称高企）当年起，可按照有关规定，到主管税务机关办理相关手续，享受企业所得税按15%税率缴纳的优惠（原企业所得税税率为25%）。

（二）补贴奖励

1.鼓励申报高企。对按时完成网上申请并成功提交纸质申请材料（含首次认定及重新认定）的企业，给予申报费用补贴10万元。（各省市奖励政策不同，具

体请参考当地政策）

2.鼓励成功认定为高企。对成功通过高企认定（含首次认定及重新认定）的企业，给予奖励资金60万元。（各省市奖励政策不同，具体请参考当地政策）

（三）其他

1.申报其他各类型认定项目的重要基础；

2.投标项目的加分项；

3.利于促进企业的品牌提升，是企业实力的证明。

三、认定条件

认定为高企必须同时满足以下条件：

一是年限要求。企业申请认定时需注册成立一年以上。

二是知识产权要求。企业通过自主研发、受让、受赠、并购等方式，获得对其主要产品（服务）在技术上发挥核心支持作用的知识产权的所有权。

三是技术所属范围要求。对企业主要产品（服务）发挥核心支持作用的技术属于《国家重点支持的高新技术领域》规定的范围。

四是科技人员占比要求。企业从事研发和相关技术创新活动的科技人员占企业当年职工总数的比例不低于10%。

五是研究开发费用占比要求。企业近三个会计年度（实际经营期不满三年的按实际经营时间算）的研究开发费用总额占同期销售收入总额的比例符合如下要求：

第一，最近一年销售收入小于5000万元（含）的企业，比例不低于5%；

第二，最近一年销售收入在5000万元至2亿元（含）的企业，比例不低于4%；

第三，最近一年销售收入在2亿元以上的企业，比例不低于3%。

其中，企业在中国境内发生的研究开发费用总额占全部研究开发费用总额的比例不低于60%。

六是高新技术产品（服务）收入占比要求。

近一年高新技术产品（服务）收入占企业同期总收入的比例不低于60%。

七是其他要求。

企业创新能力评价应达到相应要求：主要从知识产权、科技成果转化能力、研究开发组织管理水平、企业成长性四项指标进行评分；

企业申请认定前一年内未发生重大安全、重大质量事故或严重环境违法行为。

四、企业创新能力评价要求

企业创新能力主要从知识产权、科技成果转化能力、研究开发组织管理水平、企业成长性四项指标进行评价。各级指标均按整体打分，满分为100分，综合得分达到70分以上（不含70分）为符合认定要求。四项指标分值结构如下表：

表15-1 企业创新能力评价4项指标

序号	指 标	分 值
1	知识产权	≤30
2	科技成果转化能力	≤30
3	研究开发组织管理水平	≤20
4	企业成长性	≤20

（一）知识产权（≤30分）

由技术专家对企业申报的知识产权是否符合《认定办法》和《工作指引》要求，进行定性与定量结合的评价。

表15-2 知识产权相关评价指标

序号	知识产权相关评价指标	分值
1	技术的先进程度	≤8
2	对主要产品（服务）在技术上发挥核心支持作用	≤8
3	知识产权数量	≤8
4	知识产权获得方式	≤6
5	（作为参考条件，最多加2分） 企业参与编制国家标准、行业标准、检测方法、技术规范的情况	≤2

（二）科技成果转化能力（≤30分）

科技成果是指通过科学研究与技术开发所产生的具有实用价值的成果（专

利、版权、集成电路布图设计等)。科技成果转化是指为提高生产力水平而对科技成果进行的后续试验、开发、应用、推广直至形成新产品、新工艺、新材料、发展新产业等活动。

科技成果转化形式包括：自行投资实施转化；向他人转让该技术成果；许可他人使用该科技成果；以该科技成果作为合作条件，与他人共同实施转化；以该科技成果作价投资、折算股份或者出资比例；其他协商确定的方式。

由技术专家根据企业科技成果转化总体情况和近三年内科技成果转化的年平均数进行综合评价。同一科技成果分别在国内外转化的，或转化为多个产品、服务、工艺、样品、样机等的，只计为一项。

A.转化能力强，≥5项（25~30分）

B.转化能力较强，≥4项（19~24分）

C.转化能力一般，≥3项（13~18分）

D.转化能力较弱，≥2项（7~12分）

E.转化能力弱，≥1项（1~6分）

F.转化能力无，0项（0分）

（三）研究开发组织管理水平（≤20分）

由技术专家根据企业研究开发与技术创新组织管理的总体情况，结合以下几项评价，进行综合打分。

1.制定了企业研究开发的组织管理制度，建立了研发投入核算体系，编制了研发费用辅助账；（≤6分）

2.设立了内部科学技术研究开发机构并具备相应的科研条件，与国内外研究开发机构开展多种形式产学研合作；（≤6分）

3.建立了科技成果转化的组织实施与激励奖励制度，以及开放式的创新创业平台；（≤4分）

4.建立了科技人员的培养进修、职工技能培训、优秀人才引进，以及人才绩效评价奖励制度。（≤4分）

（四）企业成长性（≤20分）

由财务专家选取企业净资产增长率、销售收入增长率等指标对企业成长性进行评价。企业实际经营期不满三年的按实际经营时间计算。计算方法如下：

1.净资产增长率

净资产增长率=1/2（第二年末净资产 ÷ 第一年末净资产+第三年末净资产 ÷ 第二年末净资产）–1

净资产=资产总额–负债总额

资产总额、负债总额应以具有资质的中介机构鉴证的企业会计报表期末数为准。

2.销售收入增长率

销售收入增长率=1/2（第二年销售收入 ÷ 第一年销售收入+第三年销售收入 ÷ 第二年销售收入）–1

企业净资产增长率或销售收入增长率为负的，按0分计算。第一年末净资产或销售收入为0的，按后两年计算；第二年末净资产或销售收入为0的，按0分计算。

以上两个指标分别对照下表评价档次（ABCDEF）得出分值，两项得分相加计算出企业成长性指标综合得分。

表15–3　企业成长性指标综合得分

成长性得分	指标赋值	分数					
		≥35%	≥25%	≥15%	≥5%	>0	≤0
≤20分	净资产增长率赋值≤10分	A	B	C	D	E	F
	销售收入增长率赋值≤10分	9~10分	7~8分	5~6分	3~4分	1~2分	0分

五、负责部门

（一）组织与实施

1.领导小组：科技部、财政部、税务总局组成全国高新技术企业认定管理工作领导小组；领导小组下设办公室，由科技部、财务部和税务总局相关人员组成，办公室设在科技部；

2.认定机构：各省、自治区、直辖市、计划单列市科技行政管理部门同本级财政、税务部门组成本地区高企认定管理机构。

（二）具体受理部门

市高企认定的主管部门为市科工信局（高新技术产业科），具体业务受理、服务窗口设在市生产力促进中心。

六、认定程序

表15-4 认定程序

企 业	提交材料
认定机构	专家评审
	认定报备
领导小组	公示
	备案、公告、颁发证书

七、申报受理时间

高企认定工作采取常年申报、集中受理、定期评审的方式进行。一般来说，广东省每年的高企评审工作共2个批次（具体申报受理时间以当年出具的政策指南为准）。

表15-5 申报受理时间

	首次系统提交时间	最终完成系统提交时间	报送纸质材料时间
第一批	5月末完成	首次提交后可提出退回修改，但须于6月初完成正式提交	完成正式提交后，在6月中之前报送纸质材料
第二批	7月初完成	首次提交后可提出退回修改，但须于7月中完成正式提交	完成正式提交后，在7月末之前报送纸质材料

八、所需材料

1.《高新技术企业认定申请书》

高企申请申报书于“广东省科技厅阳光政务平台”填报并打印。

2.企业资质证明材料

营业执照副本。

3.近三年财务审计报告及企业所得税年度纳税申报表

①上一年度1月、3月、9月、12月共四个月份的个人所得税缴纳人数汇总

截图，或社保缴纳人数证明材料；

②企业科技人员名单及其工作岗位列表；

③盖有主管税务机关受理章的近三年企业所得税年度纳税申报表（包括主表、表1及企业不征税收入相关的附表等）复印件；

④近三年年度财务审计报告（含资产负债表、利润及利润分配表、现金流量表、附注和财务情况说明书），实际年限不足三年的按实际经营年限提供；

⑤经具有资质的中介机构出具的《近三年年度研究开发费用专项审计报告》《上一年度高新技术产品收入专项审计报告》（原件各一份，需附上中介机构的资质证明）。

4.科研立项证明材料

①项目立项报告；

②总经理办公会同意立项决议；

③项目组的编制情况和人员名单；

④项目阶段总结报告；

⑤项目验收报告；

⑥项目研究成果报告；

⑦功能测试报告、功能需求设计说明书。

5.知识产权资料

主要为企业的有效专利证书/著作权证书等。

①专利证书：提供专利授权证书扫描件，以及专利近一年年费的缴费收据（以证明企业维持该专利的有效性）；

②著作权证书：提供著作权证书的扫描件，以及申请该著作权证书时的申请表材料。

6.科技成果转化资料

①成果的来源：专利、技术诀窍、研发该成果的项目立项证明等；

②成果的先进水平：产品证书、产品检测报告、查新报告等；

③已经转化的成果：提供销售合同或发票。

7.研究开发组织管理水平资料

①企业关于科研项目管理制度；

②企业关于研发投入核算体系；

③开展产学研活动材料证明：与研究院所的合作框架、协议或项目合同；

④研究开发机构及设施介绍材料：

⑤研究开发人员考核奖励制度；

⑥成果转化的组织实施情况：销售合同及发票；

⑦创新创业平台建立情况；

⑧科技人员的培养进修、职工技能培训、优秀人才引进及人才绩效评价奖励制度。

8.其他证明材料

①企业高新技术产品（服务）材料：判断该产品（服务）为高新技术产品（服务）的依据及理由、高新技术产品的核心技术情况、产品指标及在同行业的先进性、是否为主要高新技术产品等材料；

②机构认证证书；

③其他荣誉证书。

九、申报流程及职责分工

表15-6　申报流程及职责分工

<table>
<tr><th>序号</th><th>工作阶段</th><th>支撑部门</th><th>具体工作内容</th><th>输出材料</th></tr>
<tr><td rowspan="5">1</td><td rowspan="5">前期信息确认</td><td>研发部</td><td rowspan="3">根据实际研发情况、销售情况、知识产权情况，确定公司近三年的主要高新技术产品（简称高品）、研究开发项目（研发项目主要为近三年申报加计扣除的研发项目，简称RD项目）</td><td rowspan="3">1.高新技术产品列表
2.研发项目列表</td></tr>
<tr><td>财务部</td></tr>
<tr><td>行政部</td></tr>
<tr><td>行政部</td><td>提供专利清单、近三年著作权证书清单列表</td><td rowspan="2">1.专利对应高品、RD项目列表
2.著作权对应高品、RD项目列表</td></tr>
<tr><td>研发部</td><td>将专利、著作权证书与确定好的高新技术产品、研究开发项目作对应</td></tr>
</table>

续表

序号	工作阶段	支撑部门	具体工作内容	输出材料
2	材料收集整理	财务部	1. 近三年审计报告 2. 近三年纳税申报表 3. 高品的销售合同及发票 4. 近三年研发项目数据整理	—
		人力资源部	1. 截止到上年年末全员人员名单 2. 上年度四个月份（第1、3、9、12月）缴纳个税总数	—
		行政部	各个模块材料整合： 1. 知识产权材料 2. RD项目材料 3. 高品（成果转化）材料 4. 研究开发组织管理水平材料	1. 专利证书+年费缴纳凭证、著作权证书+申请表 2. 立项报告、成果报告等RD项目配套材料 3. 与成果相关的RD立项报告、知识产权、测试报告、查新报告 4. 公司架构框架图、产学研合同、各项管理制度、人员证书
3	申报	财务部	出具两份专项审计报告：与事务所联系，按照高企的要求处理前期数据后进行审计	1. 近三年研究开发费用专项审计报告 2. 上年度高新技术产品收入专项审计报告
		行政部	填报系统、上传附件材料	《高新技术企业认定申请书》
4	初审	财务部 行政部	1. 打印初步填报的《申请书》及相关附件材料、携带财务相关报告材料，参加区科经局组织的专家初审；应对财务专家及项目专家提出的问题进行现场解答 2. 根据专家评审意见对申报材料进行对应的修改（包括各项报告的修改后重新出具）	评审专家对申报材料的初审意见
5	审核	行政部	提交审核、报送纸质材料	高企申报材料

十、注意事项

（一）前期信息确认阶段

1.确定研发项目与专利证书情况时，要注意专利的申请年份与研发周期之间的对应合理性。

2.关于“科技成果转化情况”，成果（软件/技术）有对应公司销售的高新技术产品则可尽量对应，某些存在无法对应的情况也是合理的，因为未必所有的成果都有转化。

3.“研究开发组织管理水平”情况填报中上传的人员证书、培训记录等，所涉及的人员必须在“人力资源情况汇总”填报上传的人员列表中。

4.“企业研究开发活动情况”中，RD项目的配套材料（立项报告、验收报告等）需统一格式。

（二）材料整合阶段

系统对上传附件材料有文件大小的限制，因此整合时需对材料进行压缩。

（三）出具专项审计报告阶段

财务与会计师事务所沟通相关的项目事项，出具符合高企认证机构所要求的审计报告，含收入报告及研发项目报告。

（四）后续工作

1.报送年度报告。自认定为高新技术企业后，每年年初都需要向区科经局报送《国家高新技术产业开发区企业统计报表》。

2.成功申报及成功认定高企后均有奖励补贴，需留意当年或下一年对于高企的补贴政策并及时申报。

第二节　通过申请政府补贴奖励赚钱

政府为了鼓励一些企业的发展，会有很多的优惠政策，而政府补贴就是其中的一种，政府可以通过很多的补贴方式帮助企业发展，从而实现国家或省市的战略需要。政府补贴是国家财政通过对分配的干预，调节国民经济和社会生活的一种手段，目的是支持生产发展，调节供求关系，稳定市场物价，维护生产经营者或消费者的利益。由于各省市财政实力存在较大差异及产业发展侧重点不同，各省市的政府补贴类型和补贴金额都存在很大的差异，具体以当地政府发布的信息为准。

以企业为主体，可以申请很多的政府补贴和奖励，如：省市区的企业研究开发费补助、高新技术企业培育入库及认定补贴、CMMI成熟度等级认证补贴、两化融合管理体系贯标试点补贴、知识产权贯标认证后补助、省级工程技术中心补贴、省级/市级新型研发机构补贴、国家级/省级重点实验室补贴、省级/市级科技突出贡献奖补贴、专利及著作权补贴、技术进口补贴等。其中，企业研究开发费补助是省市区财政年度预算安排用于对企业研究开发投入给予一定额度补贴的专项资金，企业获得的资金补贴额度按公式计算：税务部门核定的企业上年度研发费用税前加计扣除额 × 系数（当年财政补助资金总额/税务部门核定的符合条件企业上年度研发费税前加计扣除总额），如果符合条件的企业每年投入的研究开发费用很大，则这一块的补助金额会非常可观。2017年广东省给予培育入库并认定为高新技术企业的补贴为120万元，2014年广州市给予科技小巨人企业的补贴为60万元，2017年广东省工程技术研究中心奖励资金为50万元，2016—2017年广州市给予瞪羚企业专项扶持资金补助为50万元，2017—2018年度珠海市给予两化融合管理体系贯标试点企业奖励资金为40万元，2017年度广东省知识产权贯标认证后补助为25万元左右，2017年珠海市给予CMMI成熟度等级三级认证补贴为20万元，2015年认定珠海市市级重点企业技术中心奖励资金为20万元。除了上述政府补贴，企业还可以申报国家/省/市的科技项目，根据规模及难度的大小，每个科技项目的政府扶持资金在几十万元到几千万元不等。行政部门通过政府补贴奖励申请及科技项目申报，为企业拿到了政府补贴资金和政府扶持资金，这些都是真金白银，是实实在在地在为企业“赚钱”。

近年来，为吸引人才，在城市的持续发展中注入新的活力，提供坚强的人才支撑和智力保障，各大城市陆续推出了各项人才引进和促进就业的补贴政策，所以以企业个人为主体，也可以申请很多的政府补贴和奖励，如：高层次人才奖励、青年优秀人才奖励、产业发展和创新人才退税奖励等。以珠海为例，珠海市政府在2018年推出《关于实施“英才计划”加快集聚新时代创新创业人才的若干措施（试行）》（以下简称珠海英才计划），该政策重点推出顶尖人才、高层次人才、创新创业团队、海外留学人才、产业发展与创新人才、博士和博士后人才、青年创新人才、高技能人才和港澳人才9项人才支持计划，分层分类给予人才最具针对性的支持政策，如：深化和拓展高层次人才支持计划，经评定为一类、二类、三类高层次人才，分别享受100万元、60万元、30万元奖励，还可申请200万元、140万元、100万元住房补贴，给予高层次人才创业项目最高200万元资助；对新设立博士工作站，一次性给予50万元建站补贴，新引进40周岁以下全日制博士，给予每人25万元生活补贴，每招收1名博士后给予5万元工作津贴，在站博士后给予每人每年20万元生活补贴，出站博士后留（来）工作给予50万元住房补贴；选拔现代产业领域企业技术研发和经营管理类青年优秀人才，给予每人20万元奖励，对企业新引进45周岁以下正高级和40周岁以下副高级职称专业技术人才，分别给予每人35万元和25万元住房补贴，给予企业新引进入户的青年人才租房和生活补贴，35周岁以下中级职称专业技术人才和全日制硕士、45周岁以下高级技师每人发放3.8万元，30周岁以下全日制本科、40周岁以下技师每人发放2.6万元。行政部门通过此类政府补贴奖励的申请，为企业员工谋取实实在在的政府福利，是在为企业员工“赚钱”。

拓展延伸

广东省企业研究开发费补助申报流程及注意事项

一、政策含义

为引导企业普遍建立研发准备金制度，有计划、持续地增加研发投入，设立广东省企业研究开发财政补助资金，是由省市县财政预算安排用于推进全省企业研究开发的后补助资金，对经核实的企业上一年度的研究开发费按一定比例进行补助支持。

二、申报对象

1.在广东省内（不含深圳）注册，具有独立法人资格、健全的财务管理机构和财务管理制度的企业，诚信经营、依法纳税的企业。

2. 企业已建立研发准备金（或管理）制度，根据研发计划及资金需求，提前安排研发资金，并已先行投入自筹资金开展研究开发活动。

3. 补助资金将参考企业上一年度经税务部门备案的可税前加计扣除的研发费用进行发放，企业应先到税务机关进行研发费用加计扣除备案（不受企业是否盈利限制）。

4. 企业开展的研究开发活动应符合《国家重点支持的高新技术领域》、国家发展和改革委员会等部门公布的《当前优先发展的高新技术产业化重点领域指南》和各级科技行政部门发布的申报指南规定的领域和方向，且实施地在广东省内。

三、补贴标准

各级财政行政部门会同同级科技行政部门根据企业研发投入实际情况、省级财力情况和企业规模等情况，测算年度补助资金安排额度（研发投入为500万元以下的，补贴额度为10%；研发投入500万元以上的，500万元部分按照10%补贴，超过500万元部分按照5%补贴）。

四、受理部门

在广东省科技厅阳光政务平台上备案、申报通过后，将申请资料报送到市生产力促进中心，市生产力促进中心汇总后交到广东省科技厅。

五、申报流程

1. 备案登记。企业注册后应先登录广东省科技厅阳光政务平台填报并提交《广东省企业研究开发省级财政补助资金备案表》及相关附件材料，完成年度备案登记工作。

2. 加计扣除申报。补助资金将参考企业上一年度经税务部门备案的可税前加计扣除的研发费用进行发放，企业应先到税务机关进行研发费用加计扣除备案。

3. 补助资金申报。企业在广东省科技厅阳光政务平台完成备案登记后，继续通过阳光政务平台填报并提交当年度《广东省企业研究开发省级财政补助资金申报表》及相关附件材料。

4. 提交纸质材料、等待审核。

六、申报时间

1.备案：企业需在年初登录广东省科技厅阳光政务平台对拟开展的研发项目、研发经费投入等信息进行备案；系统备案一直开放，年初至正式申报前（7月、8月）仍可进行备案、修改。

2.加计扣除：加计扣除备案、申报时间为每年的3—4月。

3.系统申报：企业按照要求在广东省科技厅阳光政务平台上填写《广东省企业研究开发省级财政补助资金申报表》并提交相关附件材料以申报，申报时间为每年的7—8月。

4.提交纸质材料：系统通过审批后，企业需打印装订书面申报材料，报送截止时间为每年的9月。

七、所需材料

1.备案

①填写《广东省企业研究开发省级财政补助资金备案表》；

②附件材料

- 研发准备金制度；
- 研发准备金记账凭证；
- 企业认定资质证明。

2.申报

①填写《广东省企业研究开发省级财政补助资金申报表》；

②附件材料

- 企业研发准备金（或管理）制度文件；
- 企业研发费用上一年度预算、决算情况说明；
- 企业在阳光政务平台填报的上一年度《广东省企业研究开发省级财政补助资金备案表》；
- 上一年度《企业所得税年度纳税申报表》封面、《企业所得税年度纳税申报表》（A100000表）、《免税、减计收入及加计扣除优惠明细表》（A107010表）、《研发费用加计扣除优惠明细表》（A107014表）以及在税务机关备案的企业所得税优惠事项备案表（优惠事项名称：企业研发费用加计扣除）；

- 如企业为高新技术企业、省级以上创新型企业等，需要提交认定情况证明材料。

八、申报流程及职责分工

表15–7 申报流程及职责分工

序号	工作阶段	支撑部门	具体工作内容	输出内容
1	项目确认	研发部	1. 共同确定研发项目 2. 研发部：OA系统立项，上传相关项目材料	项目名称、周期、人数等项目信息
		财务部	3. 财务部：计提研究开发准备金，准备研发准备金记账凭证	研究开发准备金记账凭证
2	系统备案	行政部	根据项目基本信息、研发准备金记账凭证等，于阳光政务平台系统中填报《备案表》并上传相关附件进行备案	《广东省企业研究开发省级财政补助资金备案表》
3	加计扣除	行政部	进行加计扣除项目鉴定申报工作	《项目通过鉴定表》
		财务部	于税务部门进行加计扣除备案、加计扣除项目鉴定通过后进行汇算清缴	汇算清缴报告
4	申报（系统填报+纸质材料）	财务部	提供上一年度公司经济指标（如营业收入、纳税总额等）	《广东省企业研究开发省级财政补助资金》申报材料
		行政部	1. 于阳光政务平台系统中填报《申报表》并上传相关附件进行申报 2. 系统申报通过后报送纸质材料至市生产力促进中心	

九、注意事项

申报此项研究开发省级财政补助资金政策，要求企业必须先经税务部门的加计扣除税务局备案工作。因此，补助资金申报与加计扣除工作相关联。

1.关于确定项目：年初广东省科技厅阳光政务平台中备案的研发项目、加计扣除鉴定研发项目、申报补助资金研发项目，这三个步骤中的研发项目必须一致。即年初确立研发项目信息时，等于确定了公司接下来一整年的研发费用支出将围绕这些研发项目展开，申报工作也将以同样一致的项目进行。

2.关于项目预算：前期系统中备案了的项目研发准备金投入，即为项目投入预算；在申报加计扣除中，填报材料时的项目预算信息，需参照项目研发准备金投入填写。

3.关于项目决算：通过加计扣除后，经过鉴定的每个项目的研发费用实际支出，即为项目决算；在申报补助资金时提供的“企业研发费用上一年度预算、决算情况说明”中，项目相关预算、决算情况必须与申报加计扣除时一致。

十、其他

1.备案时间方面：年初需确立研发项目数量、信息等填报系统，但备案系统在正式申报（7月、8月）之前一直开放，公司可以根据年中实际运营情况，对备案的研发项目进行修改、增加。因有些业务需要发生研发费用的项目，年初不会预料到，可随时根据财务部门的账务需求，对备案项目进行修改。

2.后续审核结果跟进：9月递交申报材料后，预计于12月左右出具审核通过的企业名单，补助资金预计于次年的2—3月下拨。

行政管理未来发展篇

第十六章　行政管理未来发展方向

近年来中国商业社会发展迅速，企业与企业之间形成了完全不同于之前的竞争格局：一方面追求更大的市场和利润，另一方面迎接更多的挑战和更强有力的竞争。同时互联网的管理思维也在深刻地影响各个企业的管理者：要想获得高速、规模化的成长，不仅需要对外扩张的能力，更需要内部运营的高效与稳定。在这样的背景下，行政作为公司运营管理与员工服务的重要岗位，其价值逐渐凸显出来：推动业务发展，提升内部效能，降低运营成本，打造雇主品牌，提高员工满意度等。这是企业对行政提出的新要求，也是行政职能定位上升的方向。

第一节　参与战略规划，成为业务伙伴并推动业务发展

行政部门要转变传统行政思维，主动参与到企业战略规划中，提供与公司发展需求相对应的服务，甚至牵引企业发展。企业战略规划确定了未来一定时期内的发展战略规划目标，行政相关工作要适应企业战略规划的需求，行政部门只有主动参与到企业战略规划中，才能了解企业的发展方向和战略目标，才能理解业务发展策略和目标实现路径，这样就能找准企业发展的“脉搏”，在合适的时间提供合适的行政服务，真正支撑、推动公司业务的发展。

同时，行政部门要努力成为核心业务部门的伙伴，助推业务发展。业务是公司生存和发展的基础，行政、人力、财务等职能部门一个重要职责就是服务、支撑公司业务更好地发展，所以行政部门要积极关注业务、主动学习业务，成为业务部门的伙伴，助推业务发展，提供更有效、更接地气的服务，更好地体现行政部门的价值。

案例分享

某科技公司的其中一项主营业务是“移动通信网络优化测试”，这项业务会用到大量的测试SIM卡和测试车辆，每天都要做大量道路测试，每年SIM卡的测试话费及测试用车加油费高达上千万元，行政部门敏锐地捕捉到这些业务信息后，结合自己的专业知识帮助业务部门降低成本。行政部门和各大运营商商谈测试SIM卡的集团付费，公司一次性充值几十万元，运营商按1∶1配套赠送话费，这样仅SIM卡测试话费这一项就可以为公司减少50%的成本，而这一项的成本一年就有几百万元。对于测试车辆，每辆车都需要加油，如果每辆车单独加油，只能在当地油站开普通增值税发票，无法抵扣，行政部门通过和中石化谈判，进行集中办卡和充值，同时要求相关供应商开具增值税专用发票，这样的发票就可以税前抵扣，每年可以为公司节约上百万元的费用。节约成本，意味着提升利润，行政部可以发挥更大的主观能动性，做出更大的贡献，帮助业务更好地发展。

第二节　创新管理模式，利用技术手段降本增效

互联网时代，技术变革的速度比以往更加迅猛，当下被广泛讨论的物联网、云计算、大数据、区块链等正在许多领域改造生产力。同时，新的技术也带来了新的管理思维模式，在行政工作中，运用新的模式与技术可以大大地提高企业办公效率、降低企业运营成本。

在相对开放、追求效率的互联网企业中，规则和制度相对来说更灵活，行政部门开始拥抱智能化、信息化：告别纯人工线下操作，把业务流程转移至线上系统；同时不再靠“经验感觉”做事，开始关注数据，用有力的数据辅助决策，提高决策水平，降低试错成本。具体如下。

1. 能源消耗：通过新技术的应用能够有效降低能耗。比如，中央空调及照明的智能控制系统，在大中小企业都已经有所应用，这不仅可以节约能源开支，而且通过低碳环保更是彰显了企业社会责任。

2.差旅支出：以往行政只需在差旅标准内单纯完成机票预订，现在更加关注对个人差旅费用的管控，通过与供应商的谈判，延长账期、制定订票规则、设置订票小助手、关注各大平台折扣信息等，能够在差旅费用细节上节约不少成本。

3.资产设备：对于一些公司，一次性采购大量设备支出费用极大，后期运营管理的风险较高，采用设备租赁的形式，能够节省开支，并且规避相应风险，无形中降低了运营成本。同时，利用RFID技术进行资产盘点和管理，可以大大地提高资产盘点和管理的效率。

4.福利支出：除了薪资外，公司在人员上的支出还包括下午茶、班车、餐补、电话补贴、电脑补贴等多项福利。制定良性福利的规则，同时依靠产品工具手段落实福利，不仅能真正达到激励员工的目的，更能节约大笔不必要的开支。

案例分享

今日头条改变了大家对传统行政管理模式的观念，行政部门以产品为导向，利用技术提高内部效率，从办公硬件、软件和日常服务层面提高办公效率，优化员工工作体验。具体如下。

1.改变传统前台访客接待，建立了半自助式的访客系统，访客自助填写到访信息并推送给内部接待人，节省了前台接待客人和联系员工的时间。

2.改变效率低下的快递收发，建立了快递管理系统，在新的快递系统下，员工无需为每一个快递跑一趟，系统能够提供信息推送、快递收发、管理、配送等一系列服务，为员工节省时间。

3.解决会议室预定、使用难题，建立了会议室管理系统，把所有的会议室资源都放在云端，设置免预定会议室、安装红外动静感应器，从而提高实时效率。

第三节　提升空间价值，打造差异化雇主品牌

办公环境是“吸引人才”和“留住人才”的重要影响因素，办公环境设计

已经不再追求单纯的“高逼格”，而越来越重视个性化与品牌化。空间设计直接传递出企业的气质，在“气质相投”的地方办公，才有“家”的感觉，这也是大多数员工的追求。办公空间往往是企业在运营上投入最大的一块，在这样巨大的投入下，如果没有将其价值发挥到极致，本质上也是一种浪费。行政部门在空间管理上要掌握四项原则：

一是提高空间的利用率：合理安排工位，在有限的面积内，容纳更多的员工，就有了创造更多效益的可能，这是行政对租赁成本负责的一种表现。

二是保障空间的舒适度：足够的空间、开阔的视野、柔和的视觉、或科技或文艺的软装、适量的休息区和开放区域等，这种办公环境下员工的精神状态更加放松，工作效率自然提高。

三是合理的空间规划：增强团队协作的高效性，包括部门内和跨部门的沟通协作，让沟通无空间障碍，响应更加敏捷，需要行政有更多的想法和创造。

四是让空间传递出企业的品牌：对内是一种无形的文化影响，对外也是一张文化名片。

传统办公空间往往有着难以改变的客观条件，行政部门需要综合考虑以上四个原则，打造出完美的办公空间。

案例分享

星巴克（中国）行政部连续在上海、深圳改造办公室，打破传统思维，营造年轻的开放式空间，并通过空间设计改变员工工作习惯和思维方式。星巴克对空间的改造主要体现在这些方面。

一是减少封闭式会议室数量，增加敞开式的空间。减少大家处于封闭空间内的时间，在这些敞开式的休闲区里放置可移动的LCD显示器，会议能容纳的人数比以往更多，氛围更轻松。

二是创新性的新空间能帮助员工高效协作。为了让跨部门协作更高效，星巴克中国团队设计了一个“war room”，让项目团队的核心团员都从部门里“跳”出来，到这里面来开会、开展项目、推进项目。

三是利用手绘改造空间，改变了员工的行为习惯。星巴克在消防楼梯间手绘了星巴克最具代表性的门店，在展现企业文化的同时，还能鼓励员工多走楼梯，运动上下班。

事实证明，这些空间设计的关注点是非常有效的，能够引导改变员工工作习惯，提高协同效率。

第四节 注重“服务”与“关怀”，提高员工满意度

在人才争夺的战役中，员工满意度是留住优秀人才的重要条件，可以说行政80%的工作都在和员工满意度“作斗争”。除了留住人才，员工满意度还在另一个维度间接影响公司的价值，即员工满意度将影响客户满意度，而客户满意度将影响公司的盈利与股价。但提高员工满意度绝不是无限制、无根据地满足每一位员工提出的需求，对企业行政运营来说不仅成本无法支持，而且在执行中也是不切实际的，还是要根据投入产出的模型计算出最适合自己公司的方案，把握满意度与成本之间的平衡。总体来说，应注意以下几点。

第一，员工满意度不是无节制地满足员工需求，而更应该结合企业文化和价值观输出服务和福利，“差异化”也许才是满意度最有价值的地方。

第二，用心展现细节。再芳香的空气大家习惯后也会感受不到，服务也是如此。因此，在细节上做出亮点，往往能让你的工作价值凸显出来。

第三，保持费用的合理性。我们追求的不是高预算，而是合理的预算，在预算范围内尽可能通过创意手段满足更多的需求。这也是行政价值的体现。

第四，适当忽略投诉。有些投诉是干扰项，如果因为干扰项而怀疑原本正确的服务政策就是“捡了芝麻，丢了西瓜”。

案例分享

腾讯作为互联网巨头，拥有强大的产品思维基因以及出众的跨界思考能力，他们用心理需求模型做员工调研，基于员工数据的分析，绘制员工画像图谱，更有针对性地服务员工。腾讯行政的产品化创新，深受与生俱来互联网基因的影响，但是其中的员工需求调研、以数据驱动决策、通过技术工具提高效率，

这些是每一位行政人都应该学习的方向。

行政职能定位是当下企业管理思维的一个缩影，同时从一家企业的行政管理可以看出这家企业的发展趋势。行政的价值将不再模糊、不可估计，将越来越明确而清晰。

对于企业来说，行政为企业带来降本增效及助推活力，能有效地增强企业文化品牌软实力。对于行政团队来说，为工作谋求效能，不再做无价值的低效工作，能激发团队的创造力及工作热情。对于行政个人来说，能够拓展自己的职能边界，增加更多的业务经验，有更加清晰的行政职业规划。

持续为企业创造价值，围绕员工满意度，拓展服务边界，站在这个时代的风口，你我有幸见证这样一场变革，未来可期。

图书在版编目（CIP）数据

行政管理实务操作从入门到精通 / 张天林著 . —北京：中国法制出版社，2020.7

ISBN 978-7-5216-1115-1

Ⅰ . ①行…　Ⅱ . ①张…　Ⅲ . ①企业管理—行政管理—手册　Ⅳ . ① F272.9-62

中国版本图书馆 CIP 数据核字（2020）第 085965 号

策划编辑：潘孝莉

责任编辑：刘　悦　　封面设计：汪要军

行政管理实务操作从入门到精通

XINGZHENG GUANLI SHIWU CAOZUO CONG RUMEN DAO JINGTONG

著者 / 张天林

经销 / 新华书店

印刷 / 三河市紫恒印装有限公司

开本 / 730 毫米 ×1030 毫米　16 开　　印张 / 14.5　字数 / 220 千

版次 / 2020 年 7 月第 1 版　　2020 年 7 月第 1 次印刷

中国法制出版社出版

书号 ISBN 978-7-5216-1115-1　　定价：59.00 元

值班电话：010-66026508

北京西单横二条 2 号　邮政编码 100031　　传真：010-66031119

网址：http://www.zgfzs.com　　**编辑部电话：010-66073673**

市场营销部电话：010-66033393　　**邮购部电话：010-66033288**

（如有印装质量问题，请与本社印务部联系调换。电话：010-66032926）